楞嚴咒疏

此咒有大威力，放大光明，
能以佛之淨德覆蓋一切，以白淨大慈悲遍覆法界，
有不可思議之大威德，
能破除一切黑暗，能成就一切功德。

沙門續法◎集註

華夏出版公司本著「弘揚傳統文化，好書永世流傳」的理念，因舊版圖書年代久遠，囿於時空因素，在尚未能聯繫到原著作人並取得同意下，重新出版了這本著作，如有侵權，敬請著作權人或其親友和華夏出版公司聯繫，謝謝您。

楞嚴咒疏序

佛説楞嚴經。其因緣為阿難。被摩登伽女。用先梵天咒所迷。婬躬撫摩。將毀戒體。佛勅文殊。持咒往護。攝阿難還。故知楞嚴咒。乃楞嚴經之主體。若無楞嚴咒。則不應有楞嚴經。而CHARLES LUK所翻譯。英文本楞嚴經。竟將楞嚴咒。及敷設壇場等經文。武斷刪除。謂西方人。不會對咒。發生興趣。此真大謬不然也。正所謂以耳代目。以盲引盲。人云亦云。無知之至。可憐之至。可恥之至。既未請教於大善知識。以私人管見。獨裁經義。不畏果報。胆大包天。而無識之士。竟從和之。更為莫明其妙。復有魔王眷屬。畏懼楞嚴真理。破邪顯正。清淨明誨。返迷還覺。

輪於三十八年前。獲楞嚴咒疏單行本。得未

曾有。時刻研究。頗窺秘境。隨身携帶。未嘗或離。今者應台灣。志蓮精舍之請。講華嚴經。普賢菩薩行願品時。展示此疏。将近絶版。主持人。曹永德。曹金蕙芬。兩檀越。發願影印流通。輪亦竭力隨喜讚嘆。俾能正法久住。邪説永息。人手一編。同入究竟堅固大定。同得不退於無上正等正覺。云爾。

時在大乘佛曆三千零一年三月十五日

山僧度輪謹識於華嚴座室

持呪方便

建立壇儀。爲祈求現證者設。若緇素發心散持。則專主誠敬。楞嚴經言。設有衆生。於散亂心。非三摩地。心憶口持。是金剛王。常隨從彼諸善男子。何況決定菩提心者。又云縱不作壇。不入道場。亦不行道。誦持此呪。還同入壇行道功德無有異也。乃至讀誦書寫此呪。身上帶持。若安住處莊宅園館。如是積業。猶湯消雪。不久皆得悟無生忍。要而論之。必須三密相應。所謂口誦神呪。心想梵字。手結印相。謂之三壇。

一咒語壇。每時先持全咒一遍。後持咒心一百八遍(路姪他至莎訶止)或晨早持全咒一遍。或單持咒心一百八遍。亦獲福無量。

二心想壇。佛說此咒名

摩訶薩怛哆鉢怛囉陀羅尼咒　路姪他

唵阿那隸毗舍提鞞囉跋闍囉(二合)陀唎槃陀槃陀你

跋闍囉(二合)謗尼泮虎𤙖都嚧(二合)(又都嚧)甕泮莎婆(二合)訶

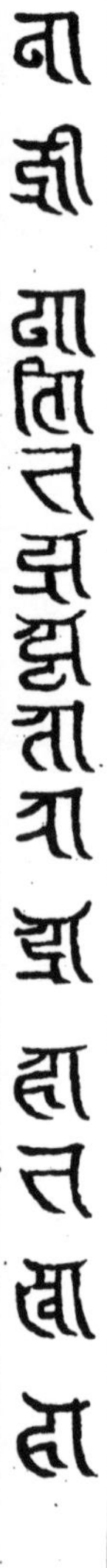

今錄咒心梵字。以資觀想。須字字印入心內。開眼閉眼。一一明了。方成三昧。

三手印壇。觀想旣具。手印宜明。按一字佛頂輪王念誦儀軌。其白傘蓋佛頂印。以二手大指各捻二無名指甲上側相合。二頭指屈如蓋形。二中指微屈相合。二小指豎相合。卽成印相。又白傘蓋頂輪王印咒。見本咒第六十紙 又普同五佛頂印。二手虛心金剛合掌。瑜伽大教王經云。一切印皆從金剛掌。金剛拳。金剛縛生起。金剛拳者。以大指入掌。捏無名指下節。握固是也。金剛掌縛者。大乘現證三昧經云。先作堅固金剛掌。謂以十指互相交。卽以所說金剛掌。不改使作金剛縛。所有一切三昧印皆從金剛縛所生。蓋掌是仰手作縛則不改前印覆手卽是。如花在掌中。此三手印隨結一種。卽成楞嚴王大白傘蓋佛頂心咒印矣。然後觀念此咒便爲三密相應。當得諸佛三輪不思議化世出世求靡不如意。

密部三咒隨念成壇。

初念法界眞言曰

唵嚩日囉(二合)馱覩鍐

次念清淨眞言曰

唵嚂莎訶

𑖌𑖼𑖁𑖾𑖮𑖳𑖼

後念三壇眞言曰

唵啞吽

𑖌𑖼𑖁𑖾𑖮𑖳𑖼 妙吉祥觀身儀云。唵字。形爲毗盧頂上作佛壇。啞字。形爲彌陀。口中作法壇。吽字。形爲阿閦。心內作僧壇。瑜伽敎王經云。唵是佛部。成身金剛。啞是蓮花部。成語金剛。吽是金剛部。成心金剛。是故三業相應。三壇即成。然後一念持此咒。心理果決定現證成也。

南無楞嚴會上佛菩薩 三稱

釋 呪前先誦偈文者。此呪發起。因阿難示遭摩登伽。攝以幻術。如來說呪。敕文殊護歸。求說妙定佛。徵其當日捨愛隨佛初心。即語阿難云。一切眾生。生死相續。皆由不知常住眞心性淨明體用諸妄想。此想不眞。故受輪轉。乃至七處破妄八還顯眞。四科七大等。身心蕩然。得無罣礙。是以述偈讚佛。發願報恩也。然此讚佛。發願報恩正爲吾人持呪之本源。次誦通別兩種三寶。乃冥求加被。次誦呪前經文。爲開呪之發端。今先釋偈。

妙湛總持不動尊。首楞嚴王世希有。

釋 疏云。此二句述讚。首句讚佛。是通讚三身。一報身。淨智圓顯云妙湛。二化身。隨緣普應云總持。三法身。本體常寂云不動。然三身皆妙湛。三即一故。三身皆總持。一即三故。三身皆不動。非一非三。而三而一故。故特以妙字該之也。於一切世間九法界內爲獨尊。稱爲尊也。○首楞嚴王四字讚法。梵語首楞嚴。此云一切事究竟堅固。是大定之總名。能統攝一切三昧。是王義也。通經所顯。唯此定義。○世希有三字。讚佛法希有者。阿難是時。既領七徵八還。四科七大等。示無非顯此三昧體性。以是法唯佛能證知。非九界眾生所能逮。是法唯佛能開示。於一代時教為獨圓。昔所未顯。而今乃顯。向所未聞。於今始聞。佛之與法。皆希有也。

銷我億劫顛倒想。不歷僧祇獲法身。

釋

疏云。此二句述悟。梵語劫波。此云時分。顛倒想者。凡計有計無。執斷執常。皆名顛倒。今阿難所言顛倒者。是述其從前認物迷己。緣妄昧真。指心見則認內。認外。觀世界則有大有小。執因緣計自然。乃至和合非和合等。此皆億劫。由攀緣識心。成顛倒妄想。今始知如來藏性。隨緣不變。不變隨緣。則前之種種戲論虛妄相想。如日消冰。如炬破暗。當下銷除矣。○梵語阿僧祇。此云無數。按小乘經律論。從來成佛者。皆歷三祇百劫。修行種因。方獲五分法身。乃至獲究竟清淨

法身今阿難聞佛開示頓悟眞心是本具法性身即如來藏性不待祇之歷而已獲法身矣

願今得果成寶王還度如是恒沙衆將此深心奉塵刹是則名爲報佛恩伏請世尊爲證明五濁惡世誓先入如一衆生未成佛終不於此取泥洹

釋疏云此八句發願請證前四句是四宏誓願阿難前獲法身但得性具之理未斷圓修之功故今發得果之願首運度生之心也果即佛果佛爲衆聖中尊如衆寶中王也此句攝二願即佛道誓成兼法門誓學○還度句是願度生無盡此句亦攝二願即衆生誓度兼煩惱誓斷此四宏誓依無作四諦而發悲智雙運故名深心○奉塵刹者將此心承奉塵刹諸佛同諸佛行事報我佛深恩若不如是不足云報故言是則名爲報佛恩○後四句是增上誓願五濁衆生剛强難化今達藏性平等無二方能無畏願先入化度也又先入有二義一對刹雖塵刹俱入而

先五濁者。五濁之苦最急也。二。對人。惡世入所怯入。而能入者。能行難事之甚難也。末後二句是廣大增上。由達藏性豎窮橫遍。故不遺一衆生。亦不憚盡未來際也。○不取泥洹者。一。不取二乘獨得泥洹。二。不取諸佛究竟涅槃。直欲衆生界盡。我方入滅。因所願重遠。故請加證明也

大雄大力大慈悲。希更審除微細惑。令我早登無上覺。於十方界坐道場。

釋 疏云。前二句更希後示。尊無上故云大雄。破諸有故云大力。拔苦與樂故云大慈悲。又證妙湛總持不動理體。破其顛倒妄想。曰大雄。具妙湛總持不動智照。援其愛欲汚泥。曰大力。起妙湛總持不動妙用。應機除九界苦。曰大慈悲也。○微細惑者。即前三果已滅三界見惑。所謂銷我億劫顛倒想。乃麤惑也。然猶未斷意根中積生無始虛習思惑。及界外之生住異滅別惑。故希更除也。○後二句專祈極果。無上覺。即究竟覺。十方。即寂光實報方便同居。一切國土皆現也

舜若多性可銷亡。爍迦羅心無動轉。

釋　疏云。此二句約況不退。舜若多。此云空。爍迦羅此云堅固。亦云金剛。謂空性無可銷。猶云可銷。今所發堅固誓願心。同於藏性。終無動轉。不似空之可銷也。○此十八句。出本經第三卷末。

南無常住十方佛。南無常住十方法。南無常住十方僧。南無釋迦牟尼佛。南無佛頂首楞嚴。南無觀世音菩薩。南無金剛藏菩薩。

釋　疏云。前三句通歸三寶。梵語南無。此翻歸命。佛陀翻覺者。具自覺覺他覺滿三義也。法者以可軌可持為義。即三藏十二部類。僧翻和合眾。有二義。一。理和。謂同證擇滅無為。二。事和。謂戒和同修。見和同解。利和同均。身和同住。口和無諍。意和同悅。○後四句別歸本經三寶。釋迦牟尼翻能仁寂默。是此會佛寶也。首楞嚴見前釋。咒從佛頂光中化佛所說。即以佛頂立名。是此會法寶也。觀世音。是當經圓通首選。與此界緣最深。卽誦咒人。亦應返聞聞自音故。金剛藏。乃密部之主。能護持咒之人。成就功德故。故當歸敬。以祈冥加被也。

爾時世尊。從肉髻中。涌百寶光。光中涌出千葉寶蓮。有化如來。坐寶華中頂放十道百寶光明。一一光明。皆遍示現十恆河沙金剛密跡。擎山持杵。遍虛空界。大眾仰觀。畏愛兼抱。求佛哀佑。一心聽佛無見頂相放光如來宣說神咒。

釋　疏云。肉髻準無上依經言。佛有頂骨湧起。自然成髻。卽斯之大佛頂。表不動體也。○百寶光。表百界。蓋四聖六凡十界。以界界各具十。故云百也。○千葉寶蓮。表千如者。以百界各具有如是相。如是性。如是體。如是力。如是作。如是因。如是緣。如是果。如是報。如是本末究竟等。故云千也

○有化如來坐寶華中者。寶華是因。如來是果。表因該果海。果徹因源。因果同時也。○頂放十道。乃至十恆沙。表若界若十如等法。法法有差別。光無差別。皆一如來藏心故。又法界雖若河沙。不出乎十。十言皆遍示現。正表清淨本然。周遍法界也。○金剛密跡等者。梵語散那。即散脂。此云密主。具名行智理四密。爲護法主。示跡爲金剛神。故曰密跡。表此寶光如金剛不可沮壞。能破十界恆沙煩惱。遍顯十界恆沙妙用。故遍虛空也。○畏愛者。具威折故。大衆咸畏。具慈攝故。大衆咸愛。○頂佛說咒。表無爲心佛。不假修證之密體也。說無上咒。表不可思議之密用也。放光化說。化說皆光。表無礙清淨之密相也。又從佛頂者。表即顯即密。法無異故。而無見者。表非顯非密。法本寂故。此即如來圓證之理。而衆生同具之體也。然理因事彰。法隨機感。但阿難前之蒙咒攝歸。唯得密益。未曾顯聞。蒙如來層層開示。信解已臻。欲踐行證。攝心入定。離魔成道。再請佛說。而如來說持淫殺盜妄四種律儀。皎如冰霜。若有宿習。不能除滅。當誦我佛頂神咒。是

以更請重說。而如來○以上三段。乃誦咒之前
放光。說此神咒也。茅。已久流通。遍行宇內。
理合補入。於是再閱大
疏。節錄要釋。而補疏之。

佛頂光明摩訶薩怛多般怛囉無上神咒

浙水慈雲寺顯密教觀沙門續法集

略釋名義

佛頂放光。光中化佛說咒名佛頂光摩訶。翻大體徧十方曰大。薩怛多。翻白。相絕諸染曰白。般怛囉翻傘蓋。用蔭萬物曰傘蓋。三皆圓融具德。即三藏心也。此是諸佛種智。亦即衆生自性。徹果該因窮理備教。持之現證覺道。誦之宿障盡蠲。高明無極曰無尊上莫等曰上。威靈叵測曰神。感應難思曰咒。經言。若我說是般怛囉咒。經恆沙劫終不能盡是也。咒凡五會。一會薩怛多般怛藍二會薩怛他般剌舍悉多。三會蘇波囉拏摩訶般輪般怛夜四會薩怛多般怛囉五會悉怛多缽怛囉今釋咒與全經標題不同。曰佛頂光明摩訶薩怛多般怛囉無上神咒。金口所宣。密因了義。罔不圓具。

譯咒微旨

翻譯經咒。例有四則。一音字俱翻。諸經文也。二音字俱不翻。西來梵筴。三翻音不翻字。卍字是也。四翻字不翻音。諸咒語也。今當第四。又有五種不翻。一祕密。諸咒是也。二多含。薄伽六義。三本無。如閻浮樹。四順古。阿耨菩提。五生善。般若尊重。今屬第一。正脈云。顯教如授方。顯說。密咒如授藥。密治。義開三力。一理法力。以一字含無邊妙理。如元亨利貞。二威德力。三寶神聖名德力大。如王臣聲勢。三實語力。眞言咒顯。超凡入聖。如詔敕繼極。長水亦云。自古不翻。略有五意。一諸佛密語。餘聖難通。二諸佛密印。如王印信。三總持法門。婆伽六義。四鬼神王名。呼敕守護。五不思議力。赦罪受職。孤山曰。諸經密咒。例皆不翻。自古人[illegible]多有異說。天台會之不出四悉。一云。咒者鬼神王名。稱其王號。部落敬主。不敢爲非。此世界歡喜也。二云。咒者。如軍中密號。相應無所訶問。不相應即執治。是爲人人生善益也。三云。咒者密默遮惡。餘無識者。如賤人奔他國。詐稱王子。妻以公主。多瞋難事。人來剖明。假一偈言。默然自歇。即對治破惡益也。四云。咒者諸佛密語。唯聖乃知。如王索仙陀婆。一名四實。鹽水

器馬也羣下莫曉惟智臣知咒祇一語徧有諸力
病愈罪滅生善合道入理第一義咒具四益亦如
是也幽溪云初曰鬼神王名如毗舍遮鳩槃荼揭
囉訶等又初會婆伽婆帝等皆諸佛菩薩名此使
聞感其恩又初會末跋闍囉商揭囉制婆等皆金
剛密跡號此使聞畏其威皆歡喜益又每會末或
如軍中密令或如密默遮惡或是諸佛密語無非
欲令聞持誦者歡喜生善滅惡入理而已故顯密
說義利一也長水亦曰跢姪他前諸句咒語俱是
皈命諸佛菩薩衆賢聖等及敘咒願加被離諸惡
鬼病等諸難至唵字下方說咒心然此即是祕密
首楞嚴也自古不翻補遺云聖地密語凡豈能解
縱翻華言義亦莫曉例如典語名物物實不異後
人莫知其猶大武柔毛以召牛羊清滌清酌以召
水酒而庸俗者不了此爲何語顯密之談亦若此
也上敘諸解祕密不翻今家釋云考諸古德亦有
翻者晉竺法護正法華中陀羅尼咒翻字又翻音
也持心梵天所問經中咒句字音亦並翻也又五
不翻薄伽翻聖尊閻浮翻勝金阿耨菩提翻無上
覺般若翻智慧昔祇不翻今何能知至于祇密諸

咒唐金剛智三藏略出念誦中翻釋咒語不空上
師仁王般若理趣釋宋三藏求那譯神咒四十八
名賢首國師解般若咒西土龍樹菩薩持明藏中
釋準提咒及諸密語守護國土陀羅尼經大悲空
智一字等經佛與菩薩親口讚釋字種咒語涅槃
般若華嚴經中佛與迦葉善現眾藝知識解釋四
十二字母義則知諸部祕密眞言亦依密藏可翻
解也今楞嚴咒跢姪已前五會眞言唵字已後纔
是心咒並依唐循州懷迪法師譯釋出大藏深字
函上明古世元翻下顯譯成多益若開翻益略列
有二十四一知諸佛號稱則常見佛身二知本三
寶伏憑威德加持三知金剛將邪魔盡來皈降四
知鬼神王部黨迴護無殃五知佛咒五部第一尊
勝六知項咒念時諸佛灌項七神咒靈通感應難
思八明咒生大智慧光明九知咒王一切咒中總
王十知咒心誦即見性明心十一咒印印信富貴
無達十二咒訣變化萬物莫測十三咒願因果隨
願圓成十四咒詛作要禍福無差十五咒祝祈禱
佛天如響十六咒法發開智辯無礙十七知字本
四藏文字根本十八知字母顯密聖賢從生十九

字義含攝無邊理趣。二十。字種。原爲諸佛智種。二十一。知梵音。佛天最先傳出。二十二。知總持一切法義總該。二十三。知眞言如所如說不欺。二十四。知密語軍令聖旨無淺前四局五會後二十通咒心此則統示前後咒益若翻末後咒心法益有六。一一字含多法義。二華梵音字圓通。三表顯三藏三十一心。四示該三賢地等妙。五迴歸三十七聖。六經緯一切字母密部。問眞言梵字何有如是不思議神用益相。答是諸佛心體故。法性如是故。一字具多法義故。菩薩行願故。不思議神力加持故。此出翻譯令得多益。如是下復誡勸行人毋得妄談。又陁羅尼門諸部要目云。瑜伽會說五部。一佛部毗盧爲主。二金剛部阿閦爲主。三寶部寶生爲主。四蓮花部彌陀爲主。五羯磨部成就爲主。五祕密主修行念誦儀云。五部即五密瑜伽法門。謂息災增益降伏鈎召敬愛法也。今屬佛部增益出世法門。蘇悉地經云。扇底迦息災法。補瑟徵迦增益法。阿毗遮嚕迦降伏法。此三部各有三等眞言。一聖者說諸佛菩薩緣覺聲聞。名爲聖者眞言。二諸天諸從淨居天乃至三十三天。是爲諸天眞言。三地居

天說八部神王名爲地居天眞言今當佛聖增益
部也會義云密部有三一佛部二菩薩部三鬼神
部各論上中下三品成就增益名上品法禳災攝
召名中品法降伏名下品法上法又三謂行儀觀
法嚴禁三品法也通以無上菩提道心爲主若無
師傳則名盜法若違行儀則招惡報若犯嚴禁輒
以功效向他人說則招奇禍並佛不思議四悉益
一妙臂菩薩所問經云行人若欲持誦速得悉地
義利成就者所有儀法不得纖毫缺犯使者魔障
而得其便是故行人當心持誦長時無間使觀想
眞言字種一一精熟事事相應方成瑜伽無作妙
行又持誦者不得心緣異境與人雜語誦若間斷
悉地不成又持誦不依儀法或不持戒或不淸淨
非惟法不成就亦當招損彼部主明王皆佛菩薩
終不瞋害所有侍從天龍猛毒鬼神見其過故便
即損害二金剛頂瑜伽念誦經云凡修瑜伽教者
須具智慧明了三味及眞言法住菩薩戒發菩提
心卯是功德許入念誦三菩薩善戒經云受持神
呪五不得爲一食肉二飲酒三五辛四婬事五在
不淨家飲食具此五戒能大利益衆生能治惡神

壽病四法苑云道俗誦持無功效者自無志誠謗
言無徵或文字訛替或音韻不典或飲酒啗肉或
雜食葷辛或觸手污穢或浪談俗語或衣服不淨
或處所不嚴八種法戒致令鬼神得便翻受其殃
若欲行持每須澡浴口嘗含香志誠殷重普為六
趣發心匪懈如是至意定驗不疑五顯密圓通云
金剛頂蘇悉地准提經等皆說行者用功持誦或
夢見諸佛菩薩聖僧天將或夢見自身觸空乘馬
渡江種種香光及諸異相若得如是應驗則須策
發三業加功味念不得宣說咒中境界衒賣與人
惟同道者不為名利敬讚方得說之六大悲經云
若人緊切念時或逢種種魔障或忽然怕怖身心
不安或多瞋多睡舌難持誦或見諸異相或于咒
疑心或多分別想或無明着有若對治者應觀梵
書嚂字七或觀阿字空彼諸境想自然消滅當知
因緣法本空也上誡禁說令經全具惟恐忽略故
重詳引下之五會眞言雖依古德翻釋後來引傳
法者臨咒說默隨意不必局定應講不講孔云可
與言而不與之言失人不可與言而與之言失言
知者不失人亦不失言是故孟子有五種教有五

不答。楞伽經中。亦四種說。密部不翻。為摧伏諸魔外也。前來開明三義。皆為法中緊要。特于咒首預表出之。咒所以有五會者。顯密圓釋分二。

(子)先五會真言

通云。藏經神咒。不出五部。一。佛部。謂諸佛咒。二。蓮花部。諸菩薩咒。三。金剛部。謂諸金剛王咒。四。寶部。謂諸天咒。五。羯磨部。諸鬼神咒。前壇室中。五佛表五部主。又五佛。即佛部。觀音蓮花菩薩部。剛藏。金剛明王部。釋梵寶生諸天部。頻那夜迦羯磨鬼神部。此之五會。諸五部咒悉總持也。又香花鉢鏡每十六者。亦金剛頂瑜伽經中。說受十六大供養法也。就分為五。

(丑)初第一會真言

瑜伽中有四種念誦。一。音聲念誦。出聲念也。二。金剛念誦。合口默念。三。三摩提念。心念者是。四。真實義念。如字修行。又或開五。一。出入息誦。想咒字語。隨出入息。息出字出。息入字入。字字朗然。如貫明珠。前後無間。二。瑜伽持誦。想心月輪內外。分明咒字次第。從前右旋周布輪緣。終而復始。三。金剛持誦。口中微微默轉。四。微聲持誦。字字分明。稱念。但令自耳聞之。五。高聲持誦。令他聞之。滅惡生善。詳金剛頂。五字。準提等經。如意寶經中。妙住菩薩問。持此總持王章句何因不見三世諸佛。佛言。以住業故。疑未斷故。有為心故。無方便故。若能心無疑惑。決定專注。是名眞實持者。又妙臂菩薩問。持誦眞言。不能成果。為法力無能耶。所作非時耶。種性非性耶。眞言缺利耶。修持輕慢耶。供養不具耶。金剛手菩薩答。修眞言行。求成就者。應當離諸煩惱。起于深信。發菩提心。重佛法衆。遠十惡業。離邪見網。行十善法。入大曼拏。依阿闍黎。決志勇進。懺悔宿障。助伴同行。供養虔潔。眞言無訛。今不如法。豈應驗耶。下云。縱經飲酒噉辛。種種不淨。破衣無壇。佛天不將為過。此皆如來隨機說法。令得四悉益也。不可疑執。自成其失。

名為毗盧眞法會。謂下十二法門密言。皆一毗盧眞心法身所流演也。懷師標云。大毗盧佛會。

南無薩怛他。一 蘇伽多耶。二 阿羅訶帝。三 三藐三菩陁寫。四

譯　南無者我今敬禮薩怛下。皈命一切如來應正等覺。

證　眞言集。先云。稽首光明大佛頂。如來萬行首楞嚴。若人志心能持誦。一切所求皆圓滿。次云曩謨薩哩縛。怛他阿誐多。素誐多野。阿囉喝帝。三藐三沒馱耶。

釋　南無者。或那謨。南摩。此翻皈命。或信從。敬依。皈禮。度我」薩怛他。即薩哩縛。梵音睬切。翻一切。十方虛空法界普徧也」蘇伽多耶。梵語通二。一云阿伽陀。秦翻如來。即阿誐多。一云。修伽陀。秦翻善逝。即素誐多。十號中二」阿羅訶帝。秦云應供。三藐句者。秦言正徧知覺。十號中二三號也。寫者翻盡。該攝皆盡義」先皈佛寶。皈依十方盡虛空界一切佛也。

南無薩怛他。五　佛陀俱知室尼釤。六

譯　皈命一切諸佛大佛頂首。

證　眞言集云。曩謨薩哩縛。怛他阿誐多。矩致烏瑟尼釤。

釋 佛陁。翻覺者。卽怛他誐多。翻如來也。俱知。同矩致。翻百億。謂百億相好也。瑟尼釤。密部經云。烏瑟膩沙。翻頂。佛頂法相。總謂皈敬一切諸佛。無比最勝頂相好也。次皈法寶佛頂首楞嚴是也。

南無薩婆。七 勃陁勃地。八 薩哆鞞弊。九

譯 皈命諸大菩薩。至心承事賢聖。

證 眞言集云。曩謨薩哩縛沒馱冒帝。薩怛吠詑毗藥詑。

釋 薩婆。一切也。勃陀。沒馱。皆佛也。勃地冒帝。卽菩提。翻覺道。以初地菩薩於佛菩提。善得通達。故此約十聖。薩路。薩怛吠。智度論釋薩埵。名成衆生。肇曰。秦言大心求道。賢首云。用智上求佛道。用悲下成衆生也。鞞弊者。什曰。毗尼。秦言善治。素疏云。鼻泥伽。此云調伏。又論名毗婆沙。此翻廣解。勝說。毗藥。卽毗耶。密部翻種種最勝。謂三五乘中。菩薩爲最勝。此約三賢。後皈僧寶。大乘菩薩衆也。

南無薩多南。十三藐三菩陁。十一 俱知南。十二

譯 初句。普禮一切聖眾。次二句。敬禮三世正徧知覺。

證 眞言集云。曩謨薩鉢多南。三藐。三沒馱。句致南。

釋 初句。或云颯哆喃。颯不怛喃。不空釋曰。大勇猛者。安師翻曰。開士。第一士也。心究竟覺。如蓮花開。謂禮上乘菩薩也。次句謂禮三世諸佛也。俱知百億數名。南翻上首。謂皈命百億上首菩薩及百億上首佛也。

娑舍囉婆迦。十三 僧伽喃。十四

譯 敬禮大辟支佛。

證 眞言集云。薩室囉縛迦僧伽喃。

釋 娑舍囉。或斯陀。此云。獨一往來。即獨覺也。婆迦。或鉢攞底迦。此翻緣覺。經云。辟支迦羅。緣獨雙

通。喃者。密部。喃也。或你耶皆翻上首。僧伽。翻眾爲中乘僧眾之上首。前云。無量辟支無學。并其初心。同來佛所。今敬禮無學上首。以攝有學初心也。

南無盧雞阿羅漢跢喃。十五 南無蘇盧多波那喃。十六 南無娑羯唎陁伽彌喃。十七 南無盧雞三藐伽跢喃。十八 三藐伽婆囉。十九 底波多那喃。二十

譯 初。敬禮大阿羅漢。二。敬禮須陁洹。三。敬禮斯陁含。四。敬禮阿那含。五。敬禮過未現在諸聖賢眾。

證 眞言集。曩謨路計阿羅喝擔喃。曩謨素嚕多鉢曩喃。曩謨塞訖唎那誐弭喃。曩謨阿那誐弭喃。曩謨路計三藐誐多喃。曩謨三藐鉢囉底野鉢曩喃。

釋 初句。四果。盧雞。翻世間。應供人天故。次句。初果蘇盧多。翻入。謂入聖人法性流也。波那翻逆。謂逆凡夫六塵流也。音義。梵語窣路陁阿鉢曩。三句。二果。娑羯翻一。唎陀翻往。伽彌翻來。一往天

上。一來人間故。四句。三果。眞言集中二句。一云。阿那誐弭犬論。名阿那伽弭阿那。名不伽彌名。來。次句。與今經同。盧雞。云世間。三藐。云正等。伽路。云不還。謂於欲界。正不還來也。五句。伽婆囉智論。來度彼岸。謂正到涅槃岸也。六句。底波。翻天。多那。卽阿那。梵音賒切。翻不來。謂不還來三界天中受生也。又梵云多陁。或多他。翻如來。謂依眞如法性。不來五那含天。還來無餘涅槃岸也。前四句。局聖。後二句。通賢。賓。加。見。修。證。五位。一切小乘僧衆。盡皈命也。

南無提婆離瑟赧。二十一 南無悉陁耶。二十二 毗地耶。二十三 陀囉離瑟赧。二十四 舍波奴。二十五 揭囉訶。二十六 娑訶娑囉摩他喃。二十七

譯初四句。敬禮諸天仙衆。後三句。敬禮咒術天仙聖衆。惟願攝惡行善。

證眞言集。曩謨祢縛哩史南。曩謨悉馱。吠你也。馱羅哩史南。舍波曩。訖囉賀。婆沒囉陁喃。

釋初句。提婆。翻天。離瑟搬。翻色。謂色界欲界諸天並該也。會玄云。第縛皤囀囇。此翻天宮。次句悉陁耶。即兜率陁。兜術陀。覩史陀。此云知足天。悉達菩薩補處。三句。毗地耶。攝四王天。四句。陀囉即尼摩羅。化樂天也。曰瑟搬者。兼色天中。惟於頗羅。即廣果天也。五句。舍波奴。亦云婆舍跋提。他化自在天也。六句。揭囉訶。翻衆生。總攝諸天眷屬衆也。七句。婆訶婆囉。此翻大千忍界。摩他喃。智論。摩㝹舍喃。翻人。苑云。忍也。此則統該三千界中一切天仙人也。若聖若凡。莫不皈禮。

南無跋囉訶摩泥。二十八　南無因陀囉耶。二十九

譯先。皈命大梵天衆。次。皈命帝釋天主。

證眞言集。曩謨沒囉憾摩那。曩謨印怛羅野。

釋初句。陁羅尼集經云。摩尼跋陁天王說咒。此云好離垢。亦云婆羅門。茂泥。此翻離欲。淨行。音義梵迦夷。此言淨身。犬梵天也。法華云。娑婆世界主。梵天王。密跡經。佛記螺髻梵王。號淸淨光明

佛。餘如經律異相明。文句。瑜伽護摩儀云。印捺囉野。翻帝釋天。華嚴疏略云。釋提桓因。具云。釋迦。能也。提桓。天也。因陀羅。主也。撫育勸善能為天主故。大雲疏曰。天帝名有百八。一因陀羅。此云尊重。三十三天。共尊重故。詳如彼說。忉利天主也。瓔珞經。佛記當成正覺。名無着尊。

南無婆伽婆帝。三十 嚧陀囉耶。三十一 烏摩般帝。三十二 娑醯夜耶。三十三 南無婆伽婆帝。三十四 那囉野。三十五 拏耶。三十六 槃遮摩訶三慕陀囉。三十七 南無悉羯唎多耶。三十八

譯 嚧陀下。自在天等眷屬及諸地祇等眾。護大印咒神將。悉羯句。頂禮世尊。

證 眞言集。曩謨婆誐伐帝。嚕捺囉野。烏摩般帝。沙咽夜野。曩謨婆誐伐帝。曩囉演。那野。半左摩訶母捺囉。曩謨塞訖哩多野。

釋

初句亦云薄伽梵婆龕合佛地論具六義自在熾盛端嚴名稱吉祥尊貴也智度論含四義有道德巧別法得名聲破三毒也密部尊勝咒儀總翻聖尊顯十身佛而爲三世間大聖十法界至尊也二句亦云嗢怛羅翻堅持高上護摩儀必理替尾曳地天神也三句亦云烏盧博伽或烏怛葛翻最勝猛疾護摩儀縛野風天神也四句亦云阿娑情儗你護摩儀阿佉曩曳火天神也六句亦云娜迦護摩儀嚩嚕拏野水天神也七句入楞伽云剎尼迦翻空亦云葛納或伽伽那耶字母那拏並釋空無空天神也大悲空智經云地天毗盧現風天成就佛現火天彌陀現水天阿閦現空天寶生佛現八句翻云歌頌大會歌樂天神名也九句翻云海印影照天神名也三十三天三十三天中二亦係菩薩權現又瑜伽咯出云布穫嗔伽三慕達囉施食儀云布撈彌渴薩謨的囉上翻供養如雲下翻奉獻如海通明三十三天雜嚴如意也結上而言欲天他化自在五大塵境神變如佛忉利大會海印三昧放百千海雲毫光大三昧光明雲豈有異哉三十句名

義集云。那謨悉羯羅。此云禮拜。謂此諸天神聖。皆佛菩薩化身。應悉志心皈投頂禮也。

南無婆伽婆帝。三十九摩訶迦羅耶。四十地唎般剌那。四十一
伽囉毗陀囉。四十二波拏迦囉耶。四十三阿地目帝。四十四
尸摩舍那泥。四十五婆悉泥。四十六摩怛唎伽拏。四十七
南無悉羯唎多耶。四十八

譯　摩下。大梵天眾。伽下。天將眾。波下。天曹眾。尸下。天神眾。婆下。天兵眾。摩下。天男女眾。

證　眞言集。曩謨婆誐伐帝。摩訶迦囉野。帝哩布囉曩。誐囉尾帝哩。布拏迦羅野。阿地穆訖哩多迦濕摩舍曩縛枲你野。摩訖哩誐拏。曩謨塞訖哩多野。

釋　婆句同前摩句。一翻大作者。謂大梵王。能作娑婆界主。法華云。大梵天王。爲一切眾生之父。一翻大悲心。東南方梵王。名大悲。東方大梵。名救一切。有云大悲光佛所現。地句。地唎阿難陁經

翻甚勇、般剌那。不空。翻智光。華嚴謂光偏十方梵王。慧光梵王。法華。光明大梵等。又名義。盧波摩那。此翻無量光天。一云。然燈佛現。梵云提和竭羅。伽句牟梨經云。迦羅幡底羅。此翻五兄弟天。又阿羅歌白色。阿羅那。赤色。迦羅。黑色。冰伽羅。蒼色。犍陀羅。黃色。即成五種大功德光明雲天。陀羅尼集云。毗摩羅。無憂德佛所現。波句波拏。云究竟。迦囉。云能作。下云。吒枳迦羅。翻極障礙乃色頂天伴侶。又經云。迦留波陁。此言象跡天有十處。居須彌埵。阿句。一云阿目多。翻無能壓。亦云。阿提目多伽。翻善思惟。三十三天中。威德輪天。善見天。色天中善見。善現等。一云。降伏衆魔王佛。善意佛現。又牟梨經云。何唎地此翻七姊妹天。尸句。音意。云。尸棄那。此云有髻。論云尸棄剌那。翻云火頂。寶髻。即尸棄大梵。一云寶火佛現。又法顯傳。尸摩賒那。漢言棄尸田地。亦翻寒林。昔有一天人。到林香花供禮。因前生故身。受持佛十善戒。得生三十三天。自然快樂。一切鬼神。皆來跪拜。婆句。或波斯匿。翻云勝軍。下云婆吒霰尼。即是外道。無想天屬。一云。鬬戰勝佛所現。摩句。一云。摩納縛迦。翻云雲童。一云。摩怛理迦。翻云本母。牟梨經云。摩怛羅建。此云三十三天。此即忉利一切天男天女諸眷屬也。有云。悉達菩薩摩耶菩薩示現。又梵云摩偷翻曰美地天。亦居須彌埵中。南句全前。

如是權實大神。皆當皈命投禮。

南無婆伽婆帝。四十九 多他伽跢俱囉耶。五十 南無般頭摩俱囉耶。五十一 南無跋闍囉俱囉耶。五十二 南無摩尼俱囉耶。五十三 南無伽闍俱囉耶。五十四 南無婆伽婆帝。五十五 帝唎荼。五十六 輸囉西那。五十七 波囉訶囉拏囉闍耶。五十八 跢他伽多耶。五十九

譯多句。如來種族眾。般句。蓮花王種族菩薩眾。跋句。金剛族眾。摩句。寶王族眾。伽句。地祇族眾。帝下。各持器仗大力猛將。

此即普禮一切賢聖。

眞言集曩謨婆誐伐帝怛他蘖多矩囉野曩謨

證 鉢那摩矩囉野曩謨縛日囉矩囉野曩謨摩抳矩囉野曩謨蘖惹矩囉野曩謨婆誐伐帝底哩荼戍囉細那鉢羅賀羅拏囉惹野怛他誐多野

釋 初句聖尊貟下五部多他如來也即佛部中方毗盧佛主三十七聖皆從流出俱囉翻種族衆般頭蓮花部西方彌陀佛主觀音法波羅密菩薩爲件侶衆跋闍金剛部東方阿閦佛主金剛手波羅密菩薩爲件侶衆摩尼寶部南方寶生佛主虛空藏寶波羅密菩薩爲件侶衆伽闍揭磨葛嘌末翻作法辦事部北方成就佛主地藏業波羅密菩薩爲件侶衆帝唎茶者略出云涅哩荼翻堅固義淨譯地嘌伽此云長大又略出云帝惹翻威德陀羅尼集云咥哩首羅翻三頭鼓輪囉西那者陀羅尼集云魔囉栖那囉翻破魔軍名義云修涅多羅華言善眼又蘇泥怛羅此翻妙目略出云素哩即翻日波囉者名義云波羅赴或鉢喇部此翻自在陀羅尼集云阿波囉質多翻無能勝訶囉者名義云訶利或喝里此翻師子陀羅尼集云摩訶摩羅翻結華鬘擎

囉者。名義云。陁羅那。梁言能持。陁羅尼集云。阿嚕陁囉。此翻大怒。闍耶者。陁羅尼集。闍夜。翻勝。毗闍耶。翻最勝。又經云。喝囉闍耶。翻王。此皆壞魔羅網獨步佛等示現。又帝唎。中圍四聖。輪囉四句。即嬉鬘歌舞。四聖。闍耶。攝鉤等四聖。末句。總結佛現。

南無婆伽婆帝。六十 南無阿彌多婆耶。六十一 跢他伽多耶。六十二 阿囉訶帝。六十三 三藐三菩陁耶。六十四 南無婆伽婆帝。六十五 阿芻鞞耶。六十六 跢他伽多耶。六十七 阿囉訶帝。六十八 三藐三菩陁耶。六十九 南無婆伽婆帝。七十 鞞沙闍耶。七十一 俱盧吠柱唎耶。七十二 般囉婆囉闍耶。七十三 跢他伽多耶。七十四 南無婆伽婆帝。七十五 三補師毖多。七十六 薩憐捺囉剌闍耶。七十七 跢他伽多耶。七十八阿囉訶帝。七十九 三藐三菩陁耶。八十 南無婆伽婆帝。八十一 舍雞野母那曳。八十二 跢他伽多耶。八十三 阿囉訶帝。八十四 三藐三菩陁耶。八十五 南無婆伽婆帝。八十六 剌怛那雞都囉闍耶。八十七 跢他伽多耶。八十八 阿囉訶帝。八十九 三藐三菩陁耶。九十

譯

阿彌句。皈命無量壽佛。跢他句。普禮如來一切門人。阿羅句。普禮應眞一切王族。三藐句。皈命正覺一切聖賢。阿芻句。敬禮阿閦如來。鞞句。皈命藥師瑠璃光佛。三句。敬普光娑羅王衆。舍句。皈佛大弟子衆。剌句。敬禮寶光寶幢王衆。

證

眞言集。曩謨婆誐伐帝。阿彌多婆野。怛他誐多野。阿羅喝帝。三藐三沒馱耶。曩謨婆誐伐帝。阿閦毗藥野。怛他誐多野。阿羅喝帝。三藐三沒馱耶。曩謨婆誐伐帝。佩剎梟。虞嚕吠女輦聿。鉢囉

婆羅惹野怛他誐多野阿羅喝帝三藐三沒馱耶曩謨婆誐伐帝三補澁閉多婆蘇怛羅攞惹野怛他誐多野阿羅喝帝三藐三沒馱耶曩謨婆誐伐帝舍枳母曩曳怛他誐多野阿囉喝帝三藐三沒馱耶曩謨婆誐伐帝囉怛曩矩素摩計都羅佐野怛他誐多野阿羅喝帝三藐三沒馱耶

釋

彌多者西方極樂國佛阿云無彌云量多婆云光壽謂佛光壽相好依正淨嚴羅漢菩薩多無量故阿芻者東方歡喜國佛此翻不動佛名經云阿閦毗歡喜光佛是也鞞沙下鄰邪浮瑠璃界佛也陁羅尼集經云鞞沙闍翻藥俱盧翻師吠柱唎印瑠璃翻青色寶般囉婆翻光囉闍翻王三下三補翻普遍一切悉多翻光勝謂普光佛一切勝佛也薩憐捺囉者即娑羅樹翻堅固剎閣翻王上方佛名出彌陀經舍下舍雞者名義集云舍夷者耶翻爲直林以住釋迦大樹林故俱舍知論尸棄此云寶首無行經尸師利翻妙首西域記室利唐言妙吉祥首又大論舍利

翻淨眼。又云妒首眼。此語在弗名釋迦尸棄。菩
薩名曼殊室利。羅漢中。即智慧舍利佛也。母那
者。音義。摩羅尼。翻離垢。或摩囉。云如意珠名也
又母陁羅。翻印。又沒特伽羅記。云舊曰目犍連
訛略也。此語在佛即目連佛如意佛。無垢離垢
佛也。菩薩乃如意輪王。及金剛手印。羅漢中。神
通目犍連也。又合此二句。如陁羅尼集經尸緊
雞婆闍翻云栴檀德佛。刺下。刺怛那。翻寶雞都。
翻幢。囉闍翻王。即是寶幢王佛。名義集。刺那那
伽羅。此云寶積佛。施食經。囉怛納怛囉耶。此云
寶勝佛也。若約五方明佛。東西如經中。如藥師
樹王。南如寶勝北當舍雞。法華東北方佛。是我
釋迦尸棄佛所住故。此隨義配合五
部耳。毋局執也。佛法圓通無礙故。

帝瓢。一九十 南無薩羯唎多。二九十 翳曇婆伽婆多。三九十
薩怛他。伽都瑟尼釤。四九十 薩怛多。般怛囒。五九十 南無
阿婆囉視耽。六九十 般囉帝。七九十 揚岐囉。八九十 薩囉婆

九十九部多。羯囉訶。一百尼羯囉訶。一羯迦囉訶尼。二
跋囉。毖地耶。三叱陁你。四阿迦囉。五密唎柱。六般唎
怛囉耶。七儖揭唎。八薩囉婆。九槃陁那。十目叉尼。十一
薩囉婆。十二突瑟吒。十三突悉乏。十四般那你。十五伐囉尼。十六
赭都囉。十七失帝南。十八

譯

南句。我今皈依敬禮。翳下。至今發心願學。薩下。
我今敬禮結華蓋頂。南下。我禮今會諸聖。普求
證明薩囉下。代佛宣物祕密一切神衆。吒陁下。
斷他八咒。解去橫死。寃家衆。救一拔一切寃苦。薩
囉下。解釋一切禁縛突下。除滅一切惡
夢及不祥事。赭下。八萬四千金剛衆。

證

眞言集。帝釤。南摩塞仡哩怛伊捨。婆誐伐帝娑
怛他。蘖覩烏瑟尼釤。摩訶悉怛多。鉢怛藍。南摩
阿婆羅。卽擔。鉢羅。聽其藍薩哩縛。部多。訖囉賀
寍訖囉賀。迦囉寅。波羅尼你。砂那寅。阿迦囉沒

哩沚波哩怛囉拏迦寅薩哩縛末馱曩莫乂寅
薩哩縛納瑟吒耨娑鉢囉縛囉拶都囉設帝南
帝瓢者施食經云孤嚕毗耶孤訓佀嚕毗訓瓢

釋

翻云光明徧照卽毗盧遮那佛法稱灌頂部僧
名金剛上師通曰最上三寶薩喇多者一心皈
禮往來親覲也翳曇者一一云無比法藏二二云無
我法性二空三空理也三三云順無上教婆伽多
者一乘佛法也四中巧別諸法能破三毒二義
六中吉祥尊貴二義合謂法是聖所尊者薩下
伽都卽伽陀諷頌也十二部中之一瑟尼釤頂
也總明此法徧爲藏部上之頂首薩怛多云寶
傘般怛藍云華葢中方毗盧佛頂心咒名爲一
切密咒中之心也阿婆者隨羅尼集經云阿波
囉質多翻無能勝般囉帝卽波羅密多揚岐囉
卽商迦囉翻螺謂吹此大法螺時摧伏怨魔無
有能勝普令衆生到彼菩提岸也薩囉婆翻一
切部多翻大身揭囉訶翻種性頂大佛乘種性
也尼翻領首謂一切三乘內上首種性也羯迦
囉訶尼者謂人天五乘中之上首種性也跋囉
卽般若智毖地卽菩提果僧寶常住代佛行化

能令眾生起觀照智成等正覺也吒陀你者寶輪儀云震多摩尼翻赤色如意珠即觀音如意心咒名阿迦囉翻無上悲心即大悲心咒屬西方蓮花部密唎杜施食經涅哩鋤略出云涅哩茶翻堅固百八金剛中之一名金剛心咒屬東方部般唎翻生怛囉翻寶施食云薩不答囉的捺翻云出生妙寶寶生佛名妙寶心咒屬南方部儞翻最上揭唎略出云瀉哩磨此云作法又云斫羯囉此云轉輪犬輪心咒北方成就佛部薩囉婆一切也槃隨那翻結界略出云曼荼羅翻云道場法會讚歎諸佛法輪中理趣目叉尼翻勝解脫超脫一切生死苦縛也突瑟吒翻障惱或云別見又阿瑟吒底瑟吒翻智光安住突悉之一云達怛又達多並翻煩惱或云熱惱叉都瑟蘇翻歡喜王此一對染成淨名也般那你具云鉢囉倪野翻智慧伐囉尼大悲經云室佛囉耶翻自在若非觀自在智豈能即妄見眞圓覺經云智慧愚癡通爲般若菩薩外道同是菩提赭都囉者消災經設覩嚕大悲經者吉囉翻怨家略出云阿毗遮嚕迦翻云降伏怨害失帝

南者。破魔經。遮帝。翻解脫。略出云。扇底迦。翻云消災。又念誦儀中。赭波。翻弓。必哩帝。翻歡喜。百八金剛中之二名。此亦依事入理。革凡超聖者也。圓覺云。一切煩惱畢竟解脫。一切障礙即究竟覺。此眞佛頂首楞法也。

羯囉訶。十九 娑訶薩囉若闍。二十 毗多崩娑那羯唎二十一 阿瑟吒冰舍帝南。二十二 那叉刹怛囉若闍。二十三 波囉薩陁那羯唎。二十四 阿瑟吒南。二十五 摩訶羯囉訶若闍。二十六 毗多崩薩那羯唎。二十七 薩婆舍都嚧。二十八 你婆囉若闍。二十九 呼藍突悉乏。三十 難遮那舍尼。三十一 毖沙舍。三十二 悉怛囉。三十三 阿吉尼。三十四 烏陁迦囉若闍。三十五

譯

羯下。護持千界神眾。毗下。打破諸害。阿下。護城
神眾。舍下。護伽藍一切八部神眾。波下。護法善
神。阿下。皈戒善神。摩下。護五方神兵眾。毗下。同
上破害。薩下。除滅一切諸惡。呼下。除滅眾死。突
下。天神器仗。阿句。消滅
火毒。烏句。解除水毒。

證

眞言集。訖囉賀。娑賀娑囉喃。尾馱娑曩迦寅。阿
瑟吒孕設帝南。諸乂怛囉喃。鉢囉娑曩迦寅。阿
瑟吒喃。摩訶訖囉賀喃。尾馱薩曩迦寅。薩哩縛
設咄嚕縛囉喃。俱藍耨娑。難者曩洒寧。尾洒設
薩怛囉。阿凝女。
嗚多囉迦喃。

釋

羯囉訶天神種族。娑訶。卽娑婆。翻忍界。薩囉。翻
堅固。眾生諸佛能忍濁惡。住不退故。大千界之
總號。若闍者。略出云。囉闍。翻引首。或歸往。瑜伽
儀云。娑摩闍。翻普集。或薩普吒。翻鈎鎖。謂千界
神。普集法會。引領善信。令皈依也。毗多句。隨羅
尼集經云。特崩沙尼。翻云破平障難。又云訶遣
羯唎者。般若經。揭諦。翻度去。持明藏云。折嚇。翻
止住。又葛哩摩。翻云作法。謂一切神。普去破怨

折伏魔害令欽伏也下文例知阿瑟吒冰翻金
剛齒牙亦云無量色光舍帝南翻成就悉地妙
首那乂翻鈎鎖名義羅差或勒乂翻紫焰色利
怛囉郎塞健那翻力士會玄僧怛那翻形狀謂
金剛神放光解厄以攝授也波囉或鉢囉毋翻
妙或到岸薩陁那郎薩多喃翻大勇猛謂金剛
薩埵發猛到岸以折伏也阿句翻金剛手拳摩
句翻大乘種性謂大乘金剛手光而引進之毗
句謂金剛將種種訶責而降伏之薩婆翻一切
善哉舍都嚧或蘇都洒迦翻妙喜你句或你叩
囉翻首主謂金剛首主引皈三寶治諸怨害流
注病難令生善喜也呼藍或阿囉迦翻敬愛又
呼嚧翻作法突句或都瑟䶩翻喜王也瑟䶩翻
寶仗難句或娜伽拏野水神名除水毒病又惹
羅薩闍翻除生老死病瑟沙舍或阿迦舍翻虛
空空神名又鞞殺社翻妙藥除時氣病悉怛囉
翻堅持地神名或窶嚕治地大增損病亦心咒
名咒藥除百病也阿吉尼火神名除火毒病烏
句或毗嵐風神名除風靡病統謂金剛神王作
諸法藥滅除衆生一切毒病令得樂果此上總

明神將。折攝二門。以護法也。

阿般囉視多具囉。三十六 摩訶般囉戰持。三十七 摩訶疊多。三十八 摩訶帝闍。三十九 摩訶稅多闍婆囉。四十 摩訶跋囉槃陀囉。四十一 婆悉你。四十二 阿唎耶多囉。四十三 毗唎俱知。四十四 誓婆毗闍耶。四十五

譯　阿下。勝莊嚴諸聖眾。般下。大力瞋怒王眾。疊多。火天眾。帝闍。虛空天眾。稅多。觀光天眾。跋下。大力天神眾。婆句。答問神眾。阿下。大聖神眾。毗下。最勝王眾。

證　眞言集。阿婆囉郎。擔摩訶俱藍。摩訶摩藍贊南。摩訶捻鉢擔。摩訶帝喏。摩訶世擔左覽。摩訶摩囉半曩囉縛宲寧。阿哩吒多藍。勃淩矩知載縛尾惹野。

釋　瑜伽部云。阿波羅質多。或阿逸多。翻無能勝。具囉。翻聖眾。或戍囉。翻勇健。又彌囉。翻慈。伽囉。翻

沉香。即彌勒菩薩。大勢至菩薩。香嚴童子等也
般囉翻光戰持或貲的囉。又佛提羅翻月。摩訶
大道心也。即月光菩薩。疊多者。或樹提闍那。翻
火。又提婆達多。翻火天。又摩訶庾䭾。翻大器。伕
即烏芻瑟摩。火頭金剛大將也。帝闍者。亦云伽
誐那。或呿提。泰言虛空。即虛空藏菩薩。枳多翻
白闍婆囉。或入嚩囉。翻觀光自在。陀羅尼集經
云。白衣觀音菩薩也。跋陀婆羅菩薩。輪翻
善守。又云賢護。又跋囉。即普賢大士。槃陀。即周
利槃特迦。尊者。婆悉你。即波斯匿。唐言勝軍。名
義翻和悅。仁王經名月光。過去龍光王佛法中。
爲四地菩薩。阿喇耶。翻聖者。又總上二句。略出
云。婆袪呵梨。並翻語言。總該諸聖陳答。多羅。智
論。提多羅。又質多羅。泰翻持地。即持地菩薩。吠
唎俱知。即毗瑠璃。前云。吠柱唎耶。乃瑠璃光。法
王子。是也。誓婆。即者婆。翻固活。醫師也。毗闍耶
前云。鞞沙闍耶。翻藥。是指藥王。藥上。二菩薩也。
斯指圓通諸聖。示現七大。根塵識法別異神名
跋闍囉。摩禮底。四十六 毗舍嚧哆。四十七 勃騰罔迦。四十八

跋闍囉。制喝那阿遮。四十九 摩囉制婆。五十 般囉質多。五十一

跋闍囉擅持。五十二 毗舍囉遮。五十三 扇多舍。五十四 鞞

提婆。五十五 補視多。五十六 蘇摩嚧波。五十七 摩訶稅多。五十八

阿唎耶多囉。五十九 摩訶婆囉阿般囉。六十

譯 摩下。摧碎金剛。神衆。勃下。降伏一切。制下。金剛力士。摩下。金剛寶杵衆。擅持。金剛寶劍神。毗下。天神力士。鞞下。天才力士。稅下。日月星宮天子。婆下。五星二十八宿。謂西方太白星。北方水星。南方熒惑星。中方鎭星。東方歲星等。

證 眞言集。嚩日囉。摩哩底。尾戍嚕擔。鉢囉摩檢嚩吅囉嚩賀滿惹摩囉載縛阿婆囉卽擔縛吅囉難葦佐。尾舍囉佐。扇多。吠你縛。布嚩擔。佐嚩魯伴。摩訶世擔。阿哩吒。多藍。摩訶摩藍。阿跋羅。

釋 跋闍囉。金剛藏王都名。摩下。此皆明金剛界中。護五部法神名也。摩禮底者。密部。阿磨伽哩。翻

云不空事業略出云摩訶囉底翻大悅意七佛
神咒經云初摩梨帝翻云拯濟羣生一護羯磨
部神名也毗句遮那佛金剛界主勃騰施食儀勃
塔釦佛陁也囘迦無量壽儀云㸦葛釦薄迦翻
世尊二護佛部神名也制喝那七佛經云支富
提梨那翻云愍苦眾生令出三界阿遮七佛咒
云烏者帝翻曰除禪定垢卻邪魔障又云烏蘇
吒翻曰除婬欲慢又經云阿那者置那翻曰濟
度眾生救諸病苦三護金剛部神摩囉制婆瑜
伽略出云摩囉迦摩翻云斷魔欲障七佛云陀
摩羅提翻云建大法幢滿眾生願又云陀摩盧
具低翻云成就德相斷滅障習四護灌頂部神
也般囉質多陀羅尼集翻無能勝或般羅若那
翻云智慧略出云鉢囉末你翻曰摧伏又鉢頭
摩翻紅蓮花漚鉢羅翻青蓮花五護蓮花部神
擅持者破魔經云旃提翻解脫又涅哲提翻無
生皆大法門名也毗句于手儀烏芻儀並翻降
伏法扇句亦云扇底迦翻息災法韈句空智經
彌羅翻鉤召又密部一云毗梨䭾翻語告大拔
醯多翻順御鉤召法也補句或波世多翻云教

化開導。即補瑟置迦。增益法也。蘇句亦云囀試
羯囉拏。翻敬愛法。稅多者。白衣觀音。阿唎耶。翻
聖者。文蘇利耶。此云日宮。多囉。翻寶。對上月名
寶吉祥天子。法華。日名寶光。文句。日名寶意。多
羅語中。日月雙通。日乃觀音應作。月乃勢至應
作。則阿唎耶總稱二聖。又稅多阿唎單屬觀音
日多羅。亦云旃陀羅。翻月。即單屬勢至。月也。婆
囉。翻光明。文句。明星天子。法華。名普香。星乃虛
空藏應作。瑜伽教王經。誐誐那囀囉嚕。翻云虛
空藏也。阿句局則五星。阿囉。攝木火二星。木云
訶娑跛。火云盎哦囉般囉。攝金土二星。金云戌
羯羅。土云室折囉。總名水星。水名部陁。故消
咒云。阿鉢囉底。翻曰無量光明。通攝九曜二十
八宿八萬四千諸星眷屬三宮天子。上冠摩訶
語者。皆顯
大菩薩現。

跋闍囉。商羯囉制婆。六十一　跋闍囉。俱摩唎。六十二　俱藍
陁唎。六十三　跋闍囉。喝薩多遮。六十四　毗地耶。六十五　乾遮

那。六十六 摩唎迦。六十七 㖿蘇怛。六十八 婆羯囉跢那。六十九
鞞嚧遮那。七十 俱唎耶。七十一 夜囉菟。七十二 瑟尼釤。七十三
毗折藍婆摩尼遮。七十四 跋闍囉迦那迦波囉婆。七十五
嚧闍那。七十六 跋闍囉頓稚遮。七十七 稅多遮。七十八 迦摩
囉。七十九 剎奢尸。八十 波囉婆。八十一 翳帝夷帝。八十二 母陀
囉。八十三 羯拏。八十四 娑鞞囉懺。八十五 掘梵都。八十六 印菟
那麼麼寫。八十七
誦至此句。稱弟子某甲受持。

譯
商下。金剛連鎖甲。俱句。金剛童男眾。俱句。金剛
神女眾。㗚句。金剛巨手。毗句。大明咒藏。乾下。四
天王太子。摩下。三光天王眷屬。鞞句。毗盧神名
夜句。天王部下神眾。瑟句。大佛頂光神眾。毗句
羅剎神名。迦句。金剛使者燈樂香花神眾。頓下。
拏山金剛神眾。波下。如是恆沙力士等眾。母下。

諸佛
印咒。

證

眞言集。縛咀囉。餉迦囕載縛縛咀囉嬌摩哩。矩
孅馱哩。縛咀囉。喝薩多吒。摩訶尾韓。見佐囊謨
哩劍。矩素婆囉怛曩載縛。吠嚧左曩。矩囉囉怛
曩烏瑟尼彭。尾即哩。婆赧左。縛咀囉迦曩。迦鉢
囉婆。嚕左曩。縛咀囉。頓演左。瑞多左迦摩囉。剎
設始鉢囉婆。伊帝伊帝。毋捺哩。誐拏。薩囉吠洛
又。矩嚕挽覩。摩摩。
薩哩縛薩怛難。佐。
商羯囉。此翻螺鎖。制婆。瑜伽云。能調伏。七佛咒

釋

經云。志提哆。此言善寂。又支多那。此言善意。俱摩
唎者。名義云。鳩摩羅伽。此云童子。金光名散脂
修摩大經云。八臂從提天中力士也。俱藍陁唎
者。法華云。毗藍婆。竺法護翻離結。縛羅剎女名
揭羅法云。俱藍達哩。翻云莊嚴法門。金剛天母
名也。喝薩多遮者。密部云。過多底。翻無動。名義
云。薩遮尼乾。翻曰離繫。毗地耶者。七佛云。菩提
薩。翻普覺。毗梨馱。翻善語。又毗梨耶。秦言精進
乾遮那者。亦云若楗那。翻露形神。一。上明阿閦

佛壇神衆。摩喇迦者或末羅翻力又婆哩旱。梁
言力士名義摩利支云陽燄。日前行天嗢蘇母。
名義云蘇摩此翻月神亦明彌陀佛壇神衆。婆
句名義摩竭羅婆。翻除曲心三明成就佛壇神
等。鞞句出生經鞞勞戰。翻衆光又嚕遮翻日光
又鞞羅義那翻勇軍。掘顯遮那佛現俱喇者蓮
花儀誐哩耶翻最上或俱盧耶翻勝一生種類夜
囉莬者翻云無量光淨。嗟歎無見義。一云夜彌
哩多或阿密囉達翻無無量光。二云也秫徒或順
牙達又秫達翻無量清淨。三夜者跋帝。或耶奢
婆多。翻嗟歎四伽都或伽陀翻孤起無見瑟尼
彭。翻肉髻頂四明毗盧佛壇神衆毗折藍婆者
一。毗藍婆翻離縛二尼藍婆羅翻青金剛三囀
日嘲孽婆翻金剛藏摩尼遮者一。摩尼跋陀翻
威伏行二摩訶摩尼翻大如意五明寶生佛壇
神等。迦那者翻無言說。或瞿那翻功德又蘇枳
那翻妙智教迦波囉婆者蓮花儀蘇鉢囉翻妙
轉又車鉢羅婆翻忍得脫或惹波囉他翻能授
利行嚧闍那者即盧舍那賢首蔬云光明徧照
又云淨滿復玄一。明守護中方界神頓稚遮者

瑜伽鄧瑟吒囉翻牙稅多遮翻白遮摩囉施食
儀翻蓮花座二明守護西方界神刹句一刹麼
云幡柱二刹瑟底翻竿波句一不羅婆翻光二
婆邏波翻力並大神名三明守護南方界神翳
帝破魔經遮帝翻解脫夷帝破魔經育帝翻精
勤四明守護東方界神母陁囉翻印智印也空
智經又翻妙音成就羯拏即羯磨翻云作法辦
事五明守護北方界神斯悉金剛上師毗盧心
中流出三十七聖百億神王亦即金剛藏王菩
薩化現八萬四千徒眾眷屬也婆下總結求證
婆鞞囉一悉羯羅云身禮懺一婆婆啉云口請
悔二波婆提云心求淨懺者一懺磨翻悔過二
又摩翻忍伏捺梵都印薄伽伐帝佛世尊也印
兕邪者亦云鬱多摩翻印可明證麼麼翻我或
磨磨迦羅奉者我所作者寫云兮兮或誐希翻
云空盡竟也謂所作法盡皆成就歸於空無下
云圓滿菩提歸無所得般
若云不取於相如如不動
初會咒中密開十二初薩怛下三寶三乘二提
婆下三界梵釋二嚧陀下五大諸天四多他下

五部種族。五阿彌下。六方諸佛。六帝釋下。五部呪心。七羯囉下。折攝天神。八阿般下。七大諸聖九。摩禮下。五部法將。十。稅多下。三宮天衆十一。商羯下。五壇界神。十二婆鞞下。十佛印成。以此楞嚴壇法呪儀。同諸瑜伽教中。孔雀隨求大悲施食尊勝如意等儀。理無異也。設有見聞覺知之者。現證藏心。即入三摩。頓圓悉地。成正覺果。如是無漏不思議恆沙性德。惟佛能盡。非凡心妄擬所可度也。

㊀次第二會眞言名爲釋尊應化會。衢州懷釋云楞嚴教主會下之五部三寶夜叉神王金剛密跡。八種法門。悉惟釋迦示現者也。

烏件。八十八
唎瑟揭拏。八十九
般剌舍悉多。九十
薩怛他。九十一
伽都瑟尼釤。九十二

譯

烏吽者警覺一切喇下押領一切部衆薩
下。我等天仙。今當敬禮如來大佛頂咒。

證

眞言集。唵訖哩史識拏鉢囉設
薩多野婆怛他蘖覩烏瑟尼彭。

釋

烏吽者觀音咒經烏吽當唵尊勝咒經唵或云
鳴吽如意咒經烏唵作唵虎吽作吽護國經云
唵是遮那如來置頂上放白毫光般若理趣釋
云唵字三身義無見頂相義本不生義如來毫
相功德義文殊品云唵者覺悟義覺悟三乘一
乘四聖法故諸咒云唵是引生義部三身如
來五智佛母引生一部云功德法門也教王經云
唵是毗盧字種吽是阿閦字種施食經吽者警
策義降魔義出生義擁護義除災義詳如略出
念誦喇瑟者尊勝云鐵瑟吒敵翻云智光安住
消災云底瑟姹翻安住百字咒云諦瑟劄翻云
願金剛薩埵安住於我施食經阿瑟吒翻云無
比光炬金剛法部也揭拏或云葛葛拏誐誐囊
翻虛空藏寶部法也般剌若般若波羅六度中
智度究竟法也華嚴云哲薩以般若波羅密爲
母論云既爲菩薩母亦爲諸佛母以般若波羅

是覺菩提。初資糧名義嗢鉢羅。此云青蓮花。詞
云。青蓮喻法微。此即蓮花法部。舍悉多即蘇悉
地。喻伽念誦云。蘇度。翻善哉尊勝云。悉帝。悉摂
秫底。悉陀。悉達。並翻成就。成一就一切義利也。合
上蘇字。謂善圓成。善能圓就一切願心善能完
滿一切事理法益也。此即羯磨成就法部。薩怛
他。翻諸佛。伽都瑟尼釤。翻無見頂
相。此即佛頂首楞嚴咒。佛部法也。

虎件都嚧雍。九十三 瞻婆那。九十四 虎件都嚧雍。九十五 悉
躭婆那。九十六 虎件都嚧雍。九十七 波囉瑟地耶。九十八 三
般叉。九十九 拏羯囉。一百

譯 瞻句。各領鎮中。悉句。各
令加護。波下。總攝諸魔。

證 眞言集。叫納嚕。皆婆曩迦囉吽納嚕婆擔婆
曩迦囉吽納嚕跛羅尾你也。三薄义。曩迦囉。

釋 虎句。先約三身。五字總一唵字。唵含三義。謂婀
烏莽。即法。報。化。三身。一切佛法。皆從此出故。字

母釋云嬉者諸法遠離不可得義闍者諸法邊
際不可得義奧者諸法化生不可得義虎件即
烏件唵也都嚧羅即婀烏莽亦一唵義教王經
吉祥儀並云唵吽吽是總持眞言唵即毗盧啞
即彌陀吽即阿闍欠約五佛虎即烏啞彌陀字
種件吽也阿闍字種都者嬉自迦也成就字種
嚧者囉也寶生字種羅者所也毗盧字種以此
冠於首者三部五部咒法皆此引領法界三寶
聖賢皆此出生故一字佛頂經虛空藏儀蘇悉
地法並云唵件爾娜職稽召佛部種族唵吽阿
嚧力請召蓮花種族唵吽跋日囉姪力請召金
剛種族瞻婆者即瞻葛或苦末羅此云金色黃
花樹也樹形高大金翅鳥居喻佛爲大聖賢所
止法身香徧沙界瑜伽儀皆的羅翻月文殊讚
佛云住是最後身永作人中月文目首菩薩頌
日亦如淨滿月普照於大地佛福田亦然一切
處平等那者無上義佛寶無上故蓮上婆那者
字母釋云轉去熱惱得清涼故總稱遮那佛也
悉躭婆者一云悉陀唐言頓吉諸吉祥法悉皆
具足智論翻成利持明藏悉帝喻伽念誦儀悉

地並翻成就西域記薩婆悉達唐言一切義成略出云摩訶悉陀翻日衆所稱讚又梵云悉曇囉窣覩唐云成就吉祥章亦即指悉怛多般怛囉祕密章句那與婆那釋意同上此明法寶波囉瑞應經翻度無極事理行滿故大論翻事究竟度生事完故餘經論翻到彼岸到涅槃岸故智論三名一阿羅密秦言離生死此岸二波羅伽秦言度煩惱中流三波羅密秦言到涅槃彼岸悉地翻成就又揭底翻度到究竟合上即波羅揭底也三般叉者亦云三般那秦言眞正滿足謂三明六通三漏四流無不證斷行到圓滿也叉三大也般叉即目叉翻解脫勝妙解脫也拏羯囉一約自度娜迦羅謂我所作法二空無我眞如性平等故二約度他拏言無上羯囉云福迦羅翻有情謂一切有情中稱爲無上士也三約二利梵語鞞哆遮羅翻明行謂三明無漏妙行皆已頂上同上那婆那意此僧寶也

虎件都嚧雍一薩婆藥叉二喝囉剎娑三揭囉訶若

闍四毗騰崩薩那羯囉五虎舒都嚧雍六者都囉七
尸底南八揭囉訶九娑訶薩囉南十毗騰崩薩那囉
十一

譯 薩婆下此摧一切惡鬼者下我
今警覺八萬四千金剛神王

證 眞言集吽納嚕薩哩縛藥叉囉剎娑訖囉賀喃
尼特罔娑曩迦囉吽納嚕摻都囉施底南訖囉
賀娑賀娑囉南尼
特罔娑曩迦囉

釋 薩婆一切也藥叉勇健鬼也喝者摩訶大多勝
也囉剎娑速疾鬼也揭囉訶在地在空在天眷
屬眾也若闍者大品闍字泰言生起華嚴疏云
即能所生起又云羅闍入無邊差別門謂夜叉
羅剎父母子孫兄弟軍將大臣雜使差別無量
故毗下謂此二種神王普能破怨除難度去一
切苦厄也者都囉即薩埵喃金剛手名又赭波
囉翻伏災害大悲咒經左尾囉翻智慧弓令得

榮顯也。尸底南者。教王經略出云。帝乞瑟那。或底瑟曩翻箭。執堅固箭直入三摩地也。又勢帝惹。觀翻吶利劍。即金剛王寶劍降伏一切鬼神也。又尸師喃翻妙吉祥。或成唎破魔經。翻勇施。此二句金剛王名。揭囉訶眷屬。嵐婆訶句。謂大千界中。金剛神眾。毗騰句屏諸魔害。施安寧也。

虎𤙖都嚧雍。十二 囉乂。十三 婆伽梵。十四 薩怛他。十五 伽都瑟尼釤。十六 波囉點。十七 闍吉唎。十八 摩訶娑訶薩囉。十九 勃樹娑訶薩囉。二十 室唎沙。二十一 俱知娑訶薩泥。二十二 帝㘑阿弊提視婆唎多。二十三 吒吒甖迦。二十四 摩訶跋闍囉陁囉。二十五 帝唎菩婆那。二十六 曼茶囉。二十七

譯。囉乂者。金剛天仙各令守護。婆下。惟仗世尊威神力故。伽下。皈命大佛頂光。波下。我今作禮。摩下。千臂大神。勃下。千頭大神。室下。千百眼大神。帝㘑下。敬禮大輪金剛神。帝唎下。皈命三世諸

佛說此
壇場。
證
眞言集。吽納嚕。薩怛難佐婆誐羚。婆怛他蘖靚
烏瑟尼彭鉢囉聽岐哩。摩訶。婆賀婆囉部薺婆
賀娑囉。室哩灑曳。句致舍娑多娑賀娑囉。盂怛
囉阿陛你也。左哩多。怛吒迦摩訶縛咀囉那囉
帝哩部縛
曩曼拏囉。
釋
囉乂者。一云囉乞乂。翻守護。二囉他。翻富饒利
行此約攝授。三囉剎。翻可畏。此約折伏。四洛乂
翻億數名。分有四等。一十萬為億。二百萬為億
三千萬為億。四萬萬為億。冗四皆金剛名。今文
四皆通也。婆下為諸佛一切大佛頂法萬萬金
剛廦不折攝行守護也。波囉點郎殷刺密諦法
光偏照也。亦云婆羅羯帝大悲儀。翻曰光音自
在闍吉喇。一云悉吉喇。翻作禮。二鉢吉低泥。翻
無住字母闍提。秦言生。謂生生無盡義。摩訶。翻
勝大金剛名。又摩訶衍。翻大乘法。謂法寶中顯
密三藏。三三五教乘法也。又摩訶。翻大千界名娑
訶薩囉。翻能忍堅固。娑婆世界總稱。勃樹或皤

睒翻舞又補琵翻花皆金剛王又畢落翻高顯
阿輪翻無憂阿沛多羅郎菩提樹謂佛寶中初
生成道一切樹也又鉢羅庾多十數中正載名
俱舍部陀壽量如一婆訶此言一篅盛穀圓篅
麻百年除一盡謂此二十斛蘇子百年除一升
盡時名頞部陀壽量滿也娑婆界數名此則超
前三千數也室唎沙具云曼殊室唎翻妙首沙
德妙吉祥金剛王名俱知或俱舍翻鉤又句舍
翻藏並金剛名又室利羅此云骨身亦云堅固
子大論云碎骨是生身舍利經卷是法身舍利
光明云此舍利者是戒定慧所熏修成法苑明
三種一是骨舍利色白二是髮舍利色黑三是
肉舍利色赤菩薩羅漢佛身皆有此三種又室
利秣瑳纂要云吉祥海雲又盎俱奢翻云曲鉤
刊定記如來胸臆有二十八大人相好今列二
種又俱胝百億數名謂僧寶中文殊普賢舍利
目連佛與菩薩羅漢辟支凡聖僧等無數金剛
不壞堅固也又迦利沙名義云十六鉢拏爲
一迦利沙或優波尼沙此云近少微塵相近少
分也皆數名此約娑婆界數又超前前甚多也

薩泥同上薩囉有云薩低翻滿意忍帝隸者蓮
花部帝惹翻威德羯羅經帝闍翻濶澤略出儀
帝拶耶翻灌頂金剛王也阿句陀羅尼經翻無
能勝婆句七佛經波利陀翻善讚波利那翻善
淨陀羅尼經阿目多翻無能壓皆神名也吒吒
字母吒婆奏言離障大悲儀遮囉翻行動消災
儀婆發矺翻能摧碎闍迦字母婆迦奏言眾法
無㲉從上波囉至此謂無量光音徧被之處我
等金剛戒神盡空大千沙界所有法寶教乘佛
寶道樹僧寶舍利莫不頂力作威讚護如法雷
震如師子吼普令障礙摧碎無餘也摩句翻大
金剛能守護持帝唎同上帝隸菩婆那大悲儀
菩馱夜郎佛陀翻覺者密部婆誐婆翻聖尊曼
句瑜伽云曼拏羅亦云滿怛囉翻云印證壇神
咒界菩提場般若會謂現證三昧之壇神咒吉
祥之界菩提道得之場般若理趣之會也如是
諸佛大壇非大金剛王頂力加護何
能入佛咒心現證楞嚴大定也哉

烏鈝二十八娑悉帝二十九薄婆都三十麽麽三十一印兎那

麽麽寫。三十二 至此句準前稱名受持回向。

譯 烏下。再敕一切普令諸部神眾。常護隨從。

證 眞言集。唵。娑縛悉帝多。娑縛覩。摩摩。

釋 烏鉢。同前覺悟意。婆句。或蘇悉提。謂一切悉地法。妙能成就也。薄句。即婆伽婆帝。佛世尊也。有云跋刺拏。翻圓滿。跋刺陀。翻隨心。跋難陀。翻善喜。麽。麽。字母。磨磨迦邏。秦言我所作法。謂仗佛力加持。令我作法隨願圓成也。印兎那。或蘊馱喃。謂少意言。印我誦持。又都羅。翻喜。謂示教利喜也。麽麽寫者。謂所作諸法。悉皆究竟也。大品。磨字門。入我所作諸法。不可得故。二會咒中。密開為八。一。烏下。應作五部。二。虎下。現證三寶。三。薩婆下。化二神王。四。者都下。跡示金剛將。五。羅叉下。護佛頂法。六。波羅下。力持三寶。七。摩訶下。迴遮壇下。八。烏鉢下。印令圓成。準義思知。

(丑)三第三會眞言名爲觀音合同會下之四門皆如觀音上同下合圓通修證四不思議無作妙德自在成就也。

囉闍婆夜。三十三 主囉跋夜。三十四 阿祇尼婆夜。三十五 烏陀迦婆夜。三十六 毗沙婆夜。三十七 舍薩多囉婆夜。三十八 婆囉祈羯囉婆夜。三十九 突瑟叉婆夜。四十 阿舍你婆夜四十一 阿迦囉。四十二 密唎柱婆夜。四十三 陁羅尼部彌劍四十四 波伽波陁婆夜。四十五 烏囉迦婆多婆夜。四十六 刺闍檀茶婆夜。四十七 那伽婆夜。四十八 毗條怛婆夜。四十九 蘇波囉拏婆夜。五十

譯 囉句除王難主句除賊難阿句除火難烏句除
風難呲句除毒難舍句除刀難婆句除兵難突
句除饑饉難阿句除雷電難阿迦下除橫死非
命難陀下得總持力除一切災害難烏下除險
阻難刺下除毒蛇難那句除毒龍難
呲句除燗電難蘇下除金翅鳥難

證 眞言集囉惹婆野祁囉婆野阿儗額婆野烏那
迦婆野尾洒婆野設薩怛囉婆野婆囉斫訖囉
婆野訥踰文婆野阿捨額婆野阿迦囉密栗注
婆野馱囉抳部儞檢婆伽婆多婆野訥勒迦播
多婆野囉惹難か手婆野曩誐婆
野尾你婆野素鉢囉哩尼婆野

釋 初即曷囉闍翻王金剛部婆夜者婆誐鑁翻聖
尊或呲藥呲牙翻最勝尊上能利樂故又婆耶
翻可畏拔苦難故下俱例卽主囉或窶嚕舍喃
翻師又孤嚕俱嚧卽呲盧謂上師舍那佛部也
又末利翻賊故破賊難冦難也跋夜卽婆夜世
尊天入師也阿祇尼火神名又祇夜重頌部名
以此分敎熄火災也名義敎王儀云南方火天
掌火又云白衣菩薩應作火天乚烏陀迦翻風或

優陀那翻無問自說又阿波陀那翻譬喻此二
分教脫免風災敎王儀云北方風天多羅菩薩
應作毗沙者一鞞沙社藥王名二毗舍支翻別
枝神名三毗婆沙翻廣說勝說異說論名謂藥
王神衆菩薩論法除諸毒藥及一切草木毒也
舍薩句一云蘇婆怛囀囉他翻善利衆生金剛
神名二奢薩怛羅翻論三修多羅翻契經謂金
剛神以經論二藏除刀杖難令得善利也婆下
婆囉或毗勒翻篋藏迦旃延論名研揭囉卽揭
磨部翻作法合則伐辣底研迦羅此云轉輪謂
金剛薩埵羯磨法輪除諸兵刃軍旅難也奚瑟
文翻拳手或囉乞又翻守護並金剛神不令貧
苦受凍餒也又波羅提木又此翻解脫能持戒
法必離苦厄得解脫果阿句或阿僧伽出生經
翻離有亦云無有又娜彌翻無礙空神名也又
優波提舍或俱舍翻論義藏摩尼經東方雷電
名曰阿伽令持論藏教部自離空天雷電怖也
阿句略出云阿囀遮孽囉翻最上念誦亦金剛
名又阿浮達摩翻未曾有十二分教中一密喇
柱或必哩底翻喜或你哩誐翻愛亦金甲神仗

神王力消散大小諸横未曾有也陀羅尼總持
咒也部彌鎩楞伽浮彌翻地施食經嚕彌翻地
輪蘇悉地神堅牢地神發善願心護佛神咒隨
持咒者能令金銀砂石土毒地大增損四百四
病皆滅除也最上名義經云東方地天乃帝釋
也又云佛眼菩薩應作波伽陀者或和伽那翻
授記能授最上金剛悉地故烏句或路伽㦖翻
世間解佛號伊帝目多伽翻本事分教名婆多
者一婆多翻大希有金剛名又婆羅跋帝翻妙
句或尼陀那翻因緣分教名伽陀翻孤起諷須
名以佛妙須無險不平也刺句闍喝刺怛那一
翻寶王二翻寶光寶生部也又囉伽蛇名檀茶
寶杖故治蛇毒那伽翻水水神也亦翻龍龍王
總稱或闍陀伽翻本生分教名得佛教部龍毒
水災莫不解也最上名義云西方水天摩摩枳
菩薩應作毗條怛一毗佛略翻方廣分教名二
毗調達翻天授或天熱三毗奈耶或毗那野翻
善治調伏律藏名摩尼經西方雷電名鉢囉婆
故此金剛戒神能治電雹雷難蘇句翻妙蓮花
蓮花部也一鉢囉母翻妙薩埵二鉢娜摩翻蓮

花。三斫迦鉢囉尼。翻善解放皆
金剛大聖名故能除惡禽害。
藥乂揭囉訶一五十 囉乂私揭囉訶二五十 畢唎多揭囉
訶三五十 毗舍遮揭囉訶四五十 部多揭囉訶五五十 鳩槃
茶揭囉訶六五十 補丹那揭囉訶七五十 迦吒補丹那揭
囉訶八五十 悉乾度揭囉訶九五十 阿播悉摩囉揭囉訶
六十 烏檀摩陀揭囉訶一六十 車夜揭囉訶二六十 醯唎婆
帝揭囉訶三六十
譯藥句守魂鬼。囉句守宮婦女鬼。除非命難。畢句
守尸鬼。毗句守穀鬼。除毒藥難。部句大神鬼。鳩
句騎坐鬼。除城郭車騎難。補句守形鬼。迦句守
魄鬼。悉句童子神。阿句羊頭神。烏句熱鬼。車句
影鬼。醯
句音鬼。

證眞言集藥叉佉囉賀貨羅察莎佉囉賀貨畢隸多佉囉賀貨吡舍佐佉囉賀貨部哆佉囉賀貨鳩畔拏佉囉賀貨布單曩佉囉賀貨揭吒布單曩佉囉賀貨塞乾拏佉囉賀貨阿波悉摩囉佉囉賀貨娩朵摩曩佉囉賀嗟夜佉囉賀貨喇嚩帝佉囉賀貨

釋藥叉或夜叉閱叉翻勇健暴惡輕健鬼名但以財施不能飛空名地夜叉以車馬施能飛空中名天夜叉揭囉訶者一翻同種族姓二翻作法辦事囉叉或羅刹翻速疾鬼亦云可畏又羅叉娑云護上囉叉斯云護女畢者或薜荔多閉麗多翻祖父鬼或言餓鬼吡者或吡舍闍畢舍遮比舍遮言顚鬼又翻噉精氣鬼噉人及五穀之精氣故部多者行顚鈔翻大身鬼又云自生鬼鳩者或俱槃茶矩畔拏此云甕形舊云冬瓜魘魅鬼也補者或補單那布單那富單那翻臭餓鬼主熱病者迦吒者或羯吒布單那翻云奇臭餓鬼悉者一處伽他翻善品主蠱毒鬼二修乾陁翻香主香神三犍陁黃色鬼四鶱陀經云形如鳩摩羅天護諸童子神名阿句一阿沭多

羅翻高大樹也主林神名二阿波悉魔羅形如野狐鬼名三阿跋摩羅青色鬼四阿皤哆沙哇主羊顛瘋神名又俱摩羅童子羊也烏句二烏怛葛翻迅疾主風神名二阿摩翻女母護主母者三烏摩勒伽烏色鬼車夜者字母車者欲樂覆性如影五眾又些吉利主火神俱舍鈎神伽耶象神醯者一奢羅密帝翻獨處快二醯摩跋陀翻應舍主舍宅神名三㗭哩枳舍翻師子娛樂音四梨波坻經云其形如狗主獸神也

社多訶唎南六十四揭婆訶唎南六十五嚧地囉訶唎南六十六忙娑訶唎南六十七謎陁訶唎南六十八摩闍訶唎南六十九闍多訶唎女七十視比多訶唎南七十一毗多訶唎南七十二婆多訶唎南七十三阿輸遮訶唎女七十四質多訶唎女七十五帝釤薩鞞釤七十六薩婆揭囉訶南七十七

譯 社多食精氣鬼 揭婆食胎藏鬼 嚧地食血鬼 忙
婆食油鬼 謎陀食產鬼 摩闍食命鬼 闍多食垢
膩鬼 視比食祭鬼 吡多食花鬼 婆多食菜鬼 阿
輸食五穀種子鬼 質多食燈鬼 薩婆下 如是等
眾一切熱惱
祖父神鬼

證 眞言集 惹多賀哩孃 蘖羅婆賀哩孃 嚕地囉賀
哩孃 莾婆賀哩孃 迷那賀哩孃 末惹賀哩孃 稅
多賀哩孃 嚩尾多賀哩孃 嗢惹賀哩孃 縛娑賀
哩孃 阿瑟吒賀哩孃 啣多賀哩孃 帝彭薩囉吠
彭薩哩縛
仡囉賀喃

釋 社多 或闍那嘱多 翻志德 訶唎南者 或訶利帝
南 涼言 翻鬼子母天神名 初未皈佛 名訶離帝
翻稱怨賊 後皈佛已 名阿利底 翻稱歡喜藥叉
神 七佛咒經 母字那蜜 皁夫字得叉迦 大兒字
惟奢叉 中兒字散脂將 小兒字摩尼拔拖者首
那拔陀 女字功德天 妙臂經云 阿利帝兒名日

愛子摩尼賢將子名滿賢此云南者屬男後云
女者屬女以訶唎帝神尊天有夫婦男女父母
子媳眷屬別故揭婆或笈多翻云密護嚧
地或路蘖囉翻云最上忙婆者空智經白色鬼
名又忙莽雞金剛部母名謎陀或毗陁羅赤色
鬼摩闍或婆庾風鬼神名闍多或舍多翻救又
閃多立世論云鬼道訶唎女者梵語摩耄舍喃
論翻男人摩耄舍尼論翻女人西土通稱男為
喃女為尼故又訶唎即阿離耶翻聖者出苦者
遠離不善法者以諸藥叉男女皆佛菩薩權現
引出眾生離苦得樂故視比多或尸陁翻寒林
毗多或蜜多翻朋友婆多一步多大身也二磨
多娘母也三頗羅菓也阿句一阿輸迦翻無憂
可愛花樹名二阿瑟吒翻云無比色光質多翻
勝心帝釤即帝闍翻威德能折邪破惡故薩鞞
釤或婆布蘇翻笑言又婆度蘇翻善哉能攝正
生善故薩婆一切也揭囉訶南者謂上藥叉乃
至質多皆一切神將鬼王中之主上首領也

毗陀夜闍七十八 嗔陀夜彌七十九 雞囉夜彌八十 波唎跋

囉者迦八十一訖唎擔八十二毗陀夜闍八十三瞋陀夜彌
八十四雞囉夜彌八十五荼演尼八十六訖唎擔八十七毗陀
夜闍八十八瞋陀夜彌八十九雞囉夜彌九十摩訶般輸般
怛夜九十一嚧陀囉九十二訖唎擔九十三毗陀夜闍九十四
瞋陀夜彌九十五雞囉夜彌九十六那囉夜拏九十七訖唎
擔九十八毗陀夜闍九十九瞋陀夜彌三百雞囉夜彌一怛
埵伽嚧荼西二訖唎擔三毗陀夜闍四瞋陀夜彌五
雞囉夜彌六摩訶迦囉七摩怛唎伽拏八訖唎擔九
毗陀夜闍十瞋陀夜彌十一雞囉夜彌十二迦波唎迦十三
訖唎擔十四毗陀夜闍十五瞋陀夜彌十六雞囉夜彌十七闍

夜羯囉十八摩度羯囉十九薩婆囉他娑達那二十訖唎擔
二十一毗陀夜闍二十二瞋陀夜彌二十三雞囉夜彌二十四
赭咄囉二十五婆耆你二十六訖唎擔二十七毗陀夜闍二十
八瞋陀夜彌二十九雞囉夜彌三十毗唎羊訖唎知三十一
難陀雞沙囉三十二伽拏般帝三十三索醯夜三十四訖唎
擔三十五毗陀夜闍三十六瞋陀夜彌三十七雞囉夜彌三十
八那揭那舍囉婆拏三十九訖唎擔四十毗陀夜闍四十一
瞋陀夜彌四十二、雞囉夜彌四十三阿羅漢四十四訖唎擔
四十五毗陀夜闍四十六瞋陀夜彌四十七雞囉夜彌四十八
毗多囉伽四十九訖唎擔五十毗陀夜闍五十一瞋陀夜彌

五十雞囉夜彌三五十跋闍囉波你四五十具醯夜具醯夜五十五迦地般帝五十六訖唎擔五十七毗陀夜闍五十八嗔陀夜彌五十九雞囉夜彌六十

毗句犬明咒藏。嗔句斬依罪者。咒雞句捕捉夜

譯

文王咒。波下有三神將押領二十八萬軍眾。荼句狐魅鬼眾。摩下大自在天眾。那下自在天眾。怛下金翅鳥王神眾。摩下大小黑天神眾。迦句髑髏外道神仙眾。闍下執持一切人物神王車將赭下神女姊妹。毗下鬬戰勝神將前器仗幷及孔雀明王器仗。那下裸形外道神眾阿何降伏羅剎王眾。毗句大力神王。跋下執劍金剛神王。及與密跡力士。

證

真言集訖哩担。尾葦親那夜弭。杌囉夜弭。波哩鉢囉左迦訖哩担。尾葦親那夜弭。杌囉夜弭。曩枳那髻頞。訖哩担尾葦親那夜弭。杌囉夜弭。摩訶鉢戍鉢帝。嚕捺囉訖哩担。尾葦親那夜弭。杌

囉夜弭曩囉演那件佐訖哩担尾輦親那夜弭
机囉夜弭怛朶誐嚕那索醯夜野訖哩担尾輦
親那夜弭机囉夜弭摩訶伽囉摩帝哩誐拏訖
哩担尾輦親那夜弭机囉夜弭迦波哩迦訖哩
担尾輦親那夜弭机囉夜弭佐也伽囉摩度伽
囉薩哩縛囉馱莎馱曩訖哩担尾輦親那夜弭
机囉夜弭撥覩囉跛儗頓訖哩担尾輦親那夜
弭机囉夜弭勃唛倪哩一本又云勃囉底哩致
迦難你計舍囉彥拏鉢帝莎呬野耶訖哩担尾
輦親那夜弭机囉夜弭曩伊那舍囉摩拏訖哩
担尾輦親那夜弭机囉夜弭阿羅空多訖哩担
尾輦親那夜弭机囉夜弭尾馱囉伽訖哩担尾
輦親那夜弭机囉夜弭縛咀囉播倪俱呬夜。
迦地鉢帝訖哩担尾輦親那夜弭机囉夜弭。

釋

毗陀即佛陀翻覺三覺圓故夜闍者或囉闍翻
最勝主又帝闍翻大威德尊勝咒云勃塔耶諦
翻曰正覺者尊此屬毗盧佛部佛寶也腹陀即
震多質多摩尼經翻如意心即青蓮花如意寶
輪王心咒夜彌者一微你耶翻妙念上念二孃
哩夜翻方廣又你耶翻首施食儀達野弭翻我

今謂我今首念第一義性此屬蓮花法部法寶也羅囉即鳩摩羅伽童真法王子號又遮囉翻行迦囉翻所作謂作二利行也夜彌者一帝地耶翻現驗善現二尾哩夜翻精進又你耶翻上首達野彌翻我今謂我今首飯衆中尊人此屬上金剛手部僧寶也又夜闍夜彌纔一法義一誐哩云無上二儗哩云最上三吠哩云無畏四阿彌云無比無量二部俱該波喇者即波羅密或波羅伽彌度無極到彼岸究竟跋囉具云鉢囉倪野略云般若翻智慧又般囉婆翻智光華嚴般若經並云諸佛菩薩以般若爲母菩提涅槃從此出生者迦一馱迦翻性清淨二首迦翻法眼淨三阿佐羅翻不動四阿者羅翻大山五阿迦捨翻虛空謂性空不動如山如見法眼本淨功德山王如空靜也訖喇擔者一質帝或質多耶翻心通凡聖二紇利陀耶翻肉團心局凡夫色法三乾栗陀耶翻堅實心局聖人心法今屬聖位第一義心也據本經指三如來藏心約密部是毗盧光明偏照心一切法本諸佛菩薩從此出故毗盧陀三句如前又一字佛頂經及虛

空藏念誦云爾曩爾迦翻云精要堅實佛部心
也阿嚧力迦翻云無量悲愍蓮花部心也囀日
囉地力迦翻云金剛摧碎金剛部心也十四下
俱帶者華嚴四十二字母皆人般若門瑜伽三
十七聖皆出毗盧心今咒神聖字偅無不從此
法界藏心流無不還歸此法界藏心也茶演尼
者字母茶闍他泰言不熱淨垢義清涼義普摧
義叉茶者尼翻能調伏摩訶翻大乘般輪或毗
輸馱叉月菽塔翻能勝多成般怛夜或勃塔耶
翻正覺嚧陀囉或路蘖囉翻最上叉陀羅翻能
持度盧翻明淨皆金剛名那囉夜拏卽那羅延
翻堅固勇猛力士上首也怛埵迦囉卽怛闥阿
伽隨泰言如來茶西者字母茶字門悟一切法
究竟處過茶字無可說叉怛埵翻普徧迦羅翻
悲心茶西疏云究竟含藏一切法輪上約佛此
約法釋任情去取摩訶迦囉翻大作手叉云大
悲手眼摩怛者或磨怛埵迦翻本母行母論名
拏卽喃耶謂作論中上首此約法釋亦金剛名
迦波喇迦或伽婆帝翻大捨心捨去一切五欲
惡也闍夜翻尊勝或云最勝于經呪名羯囉[illegible]

生性自淨法寶也學度即沒馱翻覺者羯囉翻
世尊種族佛寶也薩婆翻一切囉他翻利行富
饒婆達那即薩多嚩云度有情亦云勇猛速合
翻曰善利眾生三金剛名僧寶也此屬別相三
寶歸下毗陁等同相三寶也稍咄降伏怨家也
或者羯囉翻轉輪婆者或婆私你翻勝軍又伐
多你翻名句毗喇羊者一毗摩韓翻無垢行二
囉誐翻箭三阿梨耶翻鳴訖喇者訖栗蔗翻所
作起尸神名或唖哩首羅翻三頭戟又姑栗陀
翻鷲難陀翻歡喜金剛名或檀陀翻寶仗又迦
蘭陀翻好聲鳥喜鵲類雞沙者或尼訶羅翻精
勤行又炬奢翻鉤亦金剛名或拘翅羅美聲鳥
水鴿等伽拏即多伽羅根本智也或庾陀翻器
仗神名又嘶那夜鷹也或揭拏僕鴆也般若即
鉢底婆翻辯才或播蓺翻索又迦布德翻鴿素
醯或蘇枳你野翻妙智教又蘇微佗哩夜翻精
進念蘇悉地翻成義利煠企夜翻安樂並金剛
名又式棄夜翻火輪叔迦婆喜鸚鵡也此上七
釋須如法義配知那揭即那伽云龍象論云喻
諸羅漢中最有大力故那含囉翻獨覺婆拏或

鉢囉迦翻緣覺。此一。辟支佛也。羅漢四果。聲聞僧也。毗句即毗陀囉伽囉。伞梨經。皤底羅迦羅。此翻五兄弟天。跋句。波你。即播倞。執金剛名。手執金剛杵故。具句。即矩嚧矩嚧喃。翻集會普眾會也。迦地。或訖㡳。翻勤行。遮底翻解脫。遏多㡳翻無動。般帝或拔帝。翻般若。妙句。鉢部帝。翻照明十方。多所饒益。羂帝。翻云至一切。護跛羅訖帝。翻無住。皆金剛王名。此即藏王菩薩眾也

上來三寶諸天八部神將皆同會歸金剛上師毗盧心性海也。

囉叉罔六十一 **婆伽梵**六十二 **印兎那麼麼寫**六十三

至此依前稱弟子名同向

譯 婆伽梵總管也。仰白世尊。願仗神力普令一切眾生常蒙加護。

證 寶吉集洛叉羚。婆誠鑁麼麼。

釋 叉罔者。義淨云懺摩。西音忍義。應法師云正言叉摩。此云忍。謂容恕我罪也。婆伽世尊。印兎那

證。應寫。作法已竟。妙覺心圓也。

三會咒中。密開爲四。一。囉闍下。護法除難。上同佛慈也。二。藥乂後。度生男女。下合生悲也。三。毗陀後。歸心三寶。中契藏心。四不思議也。四。囉乂後。聞修成就。心佛衆生。三無差別。圓通究竟也。

㊣四。第四會眞言。名爲剛藏折攝會。火首圓通開顯。藏王。咒後敕護。金剛。三五部主。降伏五決門一。下之六義。惡則折伏。善則攝授。皆是剛王密跡力士顯本者也。

婆伽梵四六十 薩怛多般怛囉五六十 南無粹都帝六六十 阿悉多那囉剌迦七六十 波囉婆八六十 悉普吒九六十 毗迦薩怛多鉢帝唎十七 什佛囉什佛囉一七十 陀囉陀囉

七十二頻陀囉頻陀囉七十三瞋陀瞋陀七十四虎𤙖虎𤙖

七十五泮吒泮吒泮吒泮吒泮吒七十六娑訶七十七

譯

娑下。再伽佛力華蓋。南句。我今敬禮。阿下。赤光繚繞。波下。紫光盤簇。毗下。白光旋轉。什下。光燄徧照。陀下。雲蓋。頻下。香蓋。瞋下。珠蓋。徧滿法界。虎下。敕天上地下一切眾。泮下。滅除眾惡。收攝不祥。

證

瞋言集。娑怛多。蘗多烏瑟尼釤。悉怛多。鉢擔藍。捺摩。窣覩帝。阿朵名。曩羅攞迦。鉢囉婆。塞普吒。尼。迦摩訶悉怛多。鉢怛藍。左囉左囉。那囉那囉頻那頻那。親那親那。吽吽吽吽。莎賀。

釋

娑伽。毗盧金剛上師也。薩下。咒心名。薩空藏。般不空藏。怛多怛囉。空不空藏。南句頂禮。阿悉多。翻無能勝。那囉。翻大力。堅固。刺迦。金剛王。力士主也。波羅婆。云放光。或波利那。翻善淨。悉句。即薩普吒。翻摧碎。皆金剛名。毗迦。即毗牙。翻尊勝天也。空藏。薩下。空不空藏。心咒名。頂心光說。故加尊勝前密跡咒心開現下五部咒心流通故。什佛囉翻云光音自在。佛部也。陀囉翻能持。或怛囉翻珍重寶部也。頻陀囉或毗陀羅翻勝力持徧能持。羯磨部也。嚧陀或振多。翻心如意咒經云鉢特摩震多未尼。謂紅蓮花赤心離垢如意也。即蓮花部虎斜。降伏義。擁護義。金剛部也。泮吒者摧碎義。開通義。悉地羯羅經云前有虎斜。後有泮吒者。當知即是金剛部眞言速得成就降伏調練法。今五疊者。一開五部心。二通王法門降伏息災等。三覺五乘。聖界。四出五道。凡情五空五乘器界。娑訶者災惡頓消義。吉祥速成義。功德圓就義。

醯醯泮 七十八 阿牟迦耶泮 七十九 阿波囉提訶多泮 八十 婆囉波囉陀泮 八十一 阿素囉 八十二 毗陀囉 八十三 波迦泮 八十四

譯醯句。解脫一切。阿下。不空我願。阿波下。願無障礙。婆下。所願隨心。阿素下。破碎修羅。

證眞言集。希希吽阿目伽吽。阿鉢囉帝賀多野吽。縛囉鉢囉那野吽。阿蘇囉。尾捺囉跛拏迦囉野吽。吽。

釋醯醯。或兮兮。誐誐。翻空。虛。盡。空如來藏心也。泮者。開通中心佛部。阿句。即旃稟伽。翻不空成就北方羯磨部開也。阿婆囉。翻無比智光提訶多翻天。清淨。光潔。最勝也。消災經。阿鉢囉底賀多舍。翻云熾盛光王。南方寶部通也。婆囉。光明義壽量義。妙音義。波囉陀。即波羅伽。翻云。究竟無量。即阿彌陀佛。西方蓮花部開也。素囉。修羅也。翻非天。不端正。毗陀囉。翻大力持波迦。即婆伽婆。翻勝尊。謂非修羅大力能持。惟佛世尊威德。即不動國。阿閦毗歡喜光佛。東方金剛部通也。

薩婆提鞞弊泮八十五薩婆那伽弊泮八十六薩婆藥乂弊泮八十七薩婆乾闥婆弊泮八十八薩婆補丹那弊泮八十九迦吒補丹那弊泮九十薩婆突狠枳帝弊泮九十一

薩婆突瑟比唎九十二訖瑟帝弊泮九十三薩婆什婆唎
弊泮九十四薩婆阿播悉摩唎弊泮九十五薩婆舍囉婆
拏弊泮九十六薩婆地帝雞弊泮九十七薩婆怛摩陀繼
弊泮九十八薩婆毗陀耶九十九囉誓遮唎弊泮四百

譯

提句降伏一切天神眾。那伽降伏一切毒龍眾。
樂叉降伏一切勇猛鬼神。乾闥降伏一切音樂
眾。補丹一切鬼來讚禮。迦吒一切鬼奇皈敬。突
狠降伏諸魔。突瑟降伏諸惡。什婆破諸幽暗。阿
播。破諸冤業。舍囉破諸災厄。地帝破諸冤
害。怛摩破一切非命。毗陀破一切毒氣。

證

眞言集。薩哩縛。彌吠毗藥吽。薩哩縛曩覓毗藥
吽薩哩縛藥叉毗藥吽薩哩縛獻怛羅吠毗藥
吽。薩哩縛布單那毗藥吽薩哩縛羯吒布單。那
毗藥吽。薩哩縛訥楞凝帝毗藥吽。薩哩縛納瑟
必利乞史帝毗藥吽。薩哩縛佐利毗藥吽。薩哩
縛阿播瑟摩唎毗藥吽。薩哩縛舍囉婆那毗藥

吽薩哩縛帝哩體計毗藥吽薩哩縛嚧怛摩
毗藥吽薩哩縛尾你囉薺左哩曳毗藥吽

釋

薩婆一切也約人約處提婆天也弊即毗牙偏
周義種種義泮即登吒降伏義欽向義天有欲
天禪天正天魔天凡外天聖人天君臣主伴故
云一切天眾下可例知那伽毒龍善龍天龍地
龍等藥叉者夜叉羅刹毗舍遮鳩槃茶及諸男
女眷屬等闥婆翻香陰是天主幢倒樂神兼該
緊那羅歌詠絲竹神眾補丹那臭餓鬼迦吒奇
臭鬼惡皆欽伏禮敬突徦或唵摩毗帝翻云得
大強力突瀃或頻拱帝翻諦住諦往又頻遮帝
翻無動比犂或遮帝翻解脫又尼陸帝翻寂滅
訖瑟或呢闍帝翻無生又邪者跋帝翻嗟歎皆
神名也什即什佛囉翻光自在阿句或阿囉比
摩黎翻無垢行又阿拏麼谿翻無爲舍句或阿
囉拏翻他餘覆他有餘也又娑羅樹林舍囉翻
堅固婆拏翻林樹神名又娑羅婆底翻妙句又
栖那波囉翻破魔軍並神名地句或地提黎翻
甚勇怛何怛摩法也陀繼或陀弭翻無礙行持
無礙法也毗陀云正覺囉誓云王遮嚟云所行

謂依正覺法王所行也。上諸神咸。惡者。悉皆調伏。善者。悉爲皈依。思知。

闍夜揭囉一 摩度羯囉二 薩婆囉他娑陀雞弊泮三 毗地夜四 遮唎弊泮五 者都囉六 縛者你弊泮七 跋闍囉八 俱摩唎九 毗陀夜十 囉誓弊泮十一 摩訶波囉丁羊十二 乂者唎弊泮十二

譯 闍下。解諸重難。毗下。解瘧壯熱。者下。降伏外道。跋下。解諸惡毒。摩下。伏諸厄難。

證 眞言集。惹野伽囉。摩度伽囉。薩哩縛囉陀娑駄計曳毗藥吽。尾你左哩曳毗藥吽。拶覩囉嚩儗你毗藥吽。縛怛囉嬌摩唎摩訶尾你也囉薺曳毗藥吽。摩訶鉢囉底孕。你曳毗藥吽。

釋 闍句尊勝咒法神。摩句護佛神。薩句。大小利益有情僧伽神護諸三寶神者。悉皆敬信救難。毗地即菩提。初勵發心。後即十地遮唎願行也。四弘六度等。皆能法藥治自他病。者句伏怨縛句

勝魔亦來皈依。跋句，金剛王。俱摩唎，翻華鬘童
神。僧也。毗陀，卽菩陀，佛也。囉誓，或涅哲，翻無生
法也。留心，三寶，貪瞋癡毒，靡不除故。摩訶波囉
大乘入萬四千波羅密也。丁羊者，密部。怛砢山
曳，翻云逐分別論議。乂者唎，翻能調伏。
亦云愛樂法。此皆護法顯密神王名。

跋闍囉商羯囉夜十四波囉丈耆囉闍耶泮十五摩訶迦
囉夜十六摩訶末怛唎迦拏十七南無娑羯唎多夜泮十八
毖瑟拏婢曳泮十九勃囉訶牟尼曳泮二十阿耆尼曳泮
二十一摩訶羯唎曳泮二十二羯囉檀遲曳泮二十三蔑怛
唎曳泮二十四嘮怛唎曳泮二十五遮文茶曳泮二十六羯
邏囉怛唎曳泮二十七迦般唎曳泮二十八阿地目質多
二十九迦尸摩舍那三十婆私你曳泮三十一

譯 跋下降伏一切惡道摩下降伏一切苦毒惡下降伏諸惡毒師勃下降伏惡毒呪王阿下伏火天神摩下降大黑天神女夥下黑面神玉女衆茂下天帝釋衆嘮下嗔怒神王遮下瞰人大神羯下喝山大神迦下食光大神阿下諸寺作大鬼神及一切有力鬼神

證 眞言集縛咀囉鍮伽囉野鉢囉孕伽囉佐野吽摩訶伽囉野摩訶摩底哩誐那曩謨塞訖哩多野吽吠瑟拏尾曳吽沒囉憾摩尼曳吽阿儗額曳吽摩訶迦哩曳吽迦難膩曳吽印怛唎曳吽牟怛唎曳吽佐門膩曳吽迦囉底哩曳吽迦播哩曳吽阿地目訖哩多迦濕摩舍那縛梟頓曳吽

釋 跋即金剛商羯法螺調伏波囉光明也丈耆即爍企翻安樂囉闍翻王迦囉大作手末怛大辯論首南無下頂禮謂護法密跡悉皆信伏也瑟旬即婆舍跋提他化天神衆曳弊者曳或父耶畫義曳醯呼召義弊即發吒摧伏欽奉義勃囉云光明雲牟尼云如意寶即摩羅尼或密陀須

尼此云化樂自在天神眾也如意經云西方雷
電名哆鉢囉北方雷電名掃那摩你又總名牟
陁羅天鼓雷也鼓音王佛應現阿句一阿迦尼
吒色究竟天二阿耆婆長壽天三護摩儀阿佐
鬘曳火天神也摩句或摩訶醯溼伐羅又咯出
云遏哩賒你曳此翻大自在天名義婆庾或縛
野吠咯出嚩㖡徵翻云風天神名揭句護摩儀
嚩嚕拏野翻云水天神咯出云婆囉那翻諸龍
及水神華嚴鈔伐哩沙誐翻雨天又密部經頻
囉拏喻檀爾翻嚴淨亦云彩霞俱天神名蔑句
即忉利正言多羅夜此云三十三天護摩儀必
哩枻尼曳翻地天又儞底達哩翻正量法婆羊
揭唎翻大嗔亦神名嘮句破魔經尼嚩訖底翻
寂滅空又羅醯禮黎翻云空無心意四空天神
出生經云諸又怛邏闍翻云二十八星宿天又
藍達哩翻無垢法陀羅尼集云阿嚕陀囉翻大
怒亦神名名義集舊云嫉妬女又曰怒神即役
使鬼遮句神名後經云自在天魔使其眷屬如
遮文荼揭句咯出云遏移達哩那翻帝釋天忉
利主名又揭磨囉達哩翻云作清淨法迦句或

伽婆帝，翻善捨戒神名。又云迦留波陀，此言象
跡天。阿地目，或婆帝摩偷，翻住美地，質多，或質
多羅。此翻雜地，此上三天，皆居須彌四埵。如名
義集。又陀羅尼經云，阿日多，翻無能壓，阿質多
翻無能勝，皆天神名。迦尸摩，翻大星光，又戌羯
羅，翻金星，室折羅，翻土星，舍那，即盧遮那，翻大
日光，婆句，即婆斯你，翻大月光，三宮天子也。
上來諸天眷屬神眾，悉來歸降，信伏奉行。

演吉質 三十二 薩埵婆寫 三十三 麼麼印兎那麼麼寫 三十
四 至此依前稱名回向。

譯 演下，普令諸惡鬼神悉皆摧碎。

證 眞言集，或計唎哆。薩哩縛薩怛㘕麼麼。

釋 演者，一夜叩頂禮義。二又叩究盡義。吉質，翻所
作心法。薩埵，僧也。婆寫，佛也。麼麼，我所辦事。印
兎三寶，印知歐寫
圓滿究竟法也。

四會咒中密開爲六。一。婆伽下。心咒首領。二。醯
醯下。五部開發。三。薩婆下。八部通伏。四。闍夜下。
剛王護法。五。毖瑟下。天神奉行。六。演吉下。結歸
滿願。　七十四歲甲午臘月初四。雷電大震。初
六。雨雪交霏。子夜。予夢磁佛出殿。應供。聖僧問
證明通。註釋觀音圓通。夢見大士衣兜。及前四
五卷時。亦嘗夢見佛僧。及諸天神歡護。
此予眞誠心兆。略錄于此。非眩惑也。

㊀丑五。第五會眞言。名爲文殊弘傳會。自初分領
往護代問。揀選及後請名。非大智德首。則不能
也。

下八法門首。突瑟吒。般波質多。尾般囉槃
曇。始終皆文殊身手。現證助揚梵語地唎
瑟尼那。此翻智劍。金剛王寶劍也。佛名經說一
切諸佛。皆從文殊發心。法華明文殊爲然燈佛
祖。旨哉
言也。

突瑟吒質多三十五　阿末怛唎質多三十六　烏闍阿囉三十

七伽婆訶囉。三十八嚧地囉訶囉。三十九婆娑訶囉。四十摩
闍訶囉。四十一闍多訶囉。四十二視比多訶囉。四十三跋咯
夜訶囉。四十四乾陀訶囉。四十五布史波訶囉。四十六頗囉
訶囉。四十七婆寫訶囉。四十八般波質多。四十九突瑟吒質
多。五十嘮陀囉質多。五十一

譯突句。惡心鬼。阿句。惡毒鬼。烏句。食精鬼。伽句。食胎鬼。嚧句。食血鬼。婆句。食油鬼。摩句。食產鬼。闍句。食肉鬼。視句。食命鬼。跋句。食祭鬼。乾句。食香鬼。布句。食花鬼。頗句。食菓鬼。婆寫食種子鬼。般句。惡形鬼。突句。惡眼鬼。嘮句。巨頭鬼。以佛菩薩。現千百億身手。降伏一切大力鬼神。

證眞言集。訥瑟吒喞哆。阿毋怛囉喞哆。塢惹賀囉孽羅婆賀囉。嚕地囉賀囉。縛娑賀囉。沫惹賀囉惹多賀囉。儞尾多賀囉。沫哩耶賀囉。彥馱賀囉布瑟波賀囉。頗羅賀囉。薄寫賀囉。播跛有本跋

婆唧哆訥瑟吒唧
哆嘮怛囉唧哆。

釋

突瑟吒。翻云無明煩惱事障凡夫位言。阿瑟吒
翻云無量智光安住聖人位言又名義云達利
悉致。翻見亦遍眞妄妄則人我見衆生知見眞
則無我見佛知見故末怛唎或摩訶羅。翻無知。
所知法障。凡夫位言阿末怛唎或阿毗達磨翻
無此法。無能勝法。聖人位言。又云阿鉢囉帝。翻
慧亦通眞妄妄則無慧眞則無量慧故合此二
名如文殊儀云底瑟吒婆頗囉渴誐。此翻智光
大劍準知此會屬文殊妙吉祥首也即成智
清淨佛。降伏魔佛。許如大悲佛名經說質多者。
翻心性通凡聖。或紇唎陀凡心也。乾栗陀聖性
也又悉地。翻成就。悉曇翻徧施謂轉煩惱所知
二障心而施成我空法空二智及二無我性也
烏闍風天神名。訶囉翻主翻王萬佛名經云風。
自在佛又鄔波弟鑠論一名訶囉。即毗伽羅。翻字
本。名義歌羅。翻力勝以一分力勝過衆多分也
謂風天神用佛菩薩論義分別降伏風流食精
惡鬼。而成出世風光明人勝佛。下去例知。伽婆

即伽伽那空天神空王佛也又和伽那受記教
部佛名經云空行得名佛嚧地地天神名地自
在佛或嗢拖南會玄翻集施又烏答囉翻最勝
集佛勝法施食血鬼令成地光明人勝佛也婆
娑烏芻儀云阿娑懵儗你火天神名吡婆沙論
名廣解論法燈油火燭諸鬼自伏寶火佛也摩
闍亦云薩謨的囉翻海水天神佛或伊帝目多
伽翻本事教部名謂以十二部中本事令成水
自在佛覩句或捨布答翻樂音樂天歌詠神也
又攝拖苾馱翻聲明謂以聲明等論令成金剛
歌樂音王菩薩聲陁羅尼自在佛也跋句即鉢
帝喇或般怛囉翻傘蓋花蓋摩訶跋多羅翻大
衣或欽跋羅翻氎衣密部縛囉阿鞞朱云衣衣
供養菩薩又毗佛略翻方廣經論名以大方廣
教部令成蓋自在佛衣光明人勝佛也乾即健
達香金剛香自在佛布即補澀波散花金剛花
自在佛頗囉翻菓或蒲闍尼翻食食三昧供養
菓天母味自在佛婆寫或邏細翻嬉戲內四供
中首也金剛嬉法業如意神通人自在稱佛也
般波者或槃那獨頭煩惱惑名又提婆達多翻

熱惱瞋毒也。或般刺婆。即般若。及諸波羅密多。
此即轉瞋恚心。成不瞋性。降伏瞋佛。降伏怒恨
人勝佛也。又鉢囉吠奢。翻云六入。經云。六入妙
眞如性。此即入自在佛。入光明人勝佛也。突瑟
吒。獨頭無明。邪見癡惑。阿瑟吒。智光也。即愚癡
心成智慧性。降伏癡佛。降伏嫉見人勝佛。又塞
建陀。翻云五陰。經云。五陰本如來藏。即成陰自
在佛。嘮陀囉。或阿羅伽。翻欲愛貪毒也。或鄔拖
南。翻總攝。無上。謂持上妙總法。即貪欲心成施
捨性。降伏貪佛。降伏戲染人勝佛。又他那。翻處
馱都。翻界。經云。十二處。十八界。皆本眞如
藏性。即成處自在佛界光明人勝佛也。

藥乂揭囉訶五十二 囉剎娑揭囉訶五十三 閇唎囌多揭囉
訶五十四 毗舍遮揭囉訶五十五 部多揭囉訶五十六 鳩槃
茶揭囉訶五十七 悉乾陁揭囉訶五十八 烏怛摩陁揭囉
訶五十九 車夜揭囉訶六十 阿播薩摩囉揭囉訶六十一 宅

袪革六十二 荼耆尼揭囉訶六十三 唎佛帝揭囉訶六十四 闍弭迦揭囉訶六十五 舍俱尼揭囉訶六十六 姥陁囉六十七 難地迦揭囉訶六十八 阿藍婆揭囉訶六十九 乾度波尼揭囉訶七十

譯 藥叉。吞火鬼。囉刹。吞水鬼。閉𡅏。交手鬼。毗舍。交足鬼。部多。交身鬼。鳩槃。分形鬼。悉乾。吐烟鬼。烏怛。吐火鬼。車夜。形影鬼。阿句。羊頭鬼。宅袪。刑八狐鬼。荼耆。狸魅女鬼。唎佛。惱小兒鬼。形如女面。闍弭。如烏鬼。舍俱。如烏鬼。姥陁。下。如猫鬼。阿藍。如蛇鬼。乾度。如雞鬼。

證 眞言集。藥叉訖囉賀。羅刹娑訖囉賀。閉唎哆訖囉賀。毗舍佐訖囉賀。部多訖囉賀。鳩畔拏訖囉賀。塞騫那訖囉賀。嗢怛麽那訖囉賀。佐也訖囉賀。阿鉢薩麽囉訖囉賀。郎枳那枳顉訖囉賀。唎縛帝訖囉賀。砮弭迦訖囉賀。舍姑顉訖囉賀。摩怛囉難彌訖囉賀。阿覽尾迦訖囉賀。徤那播多

泥訖
囉賀
藥叉。囉刹。一屬男。二屬女。多聞天王所轄。如前
釋
詳。羯囉者。羯羅。云本生。迦羅。云勝生。訶者。歌羅
眾多也。謂同生種類。眾多共處也。仁王儀。尾野
羯囉拏。唐翻授記。此諸神王。顯密善惡。權實不
同。違逆摧伏。歸順與記也。又譯師名義。前後異
者。內含二意。一。約能降神王。藥叉羅刹種族雖
同。名體各別。如法華龍王。開八乾闥緊列四等。二
約所降鬼神類生無量。閻者。應如法思。後傚此
知。毗舍者。下云四天王毗舍童子。未發心者。食
彼精氣。此部云。持國天王所轄。鳩槃。增長天王統
者。宅袪革。亦云僧塞枳。翻行。或室里瑟你。翻愛行
又颯鉢哩設。翻觸。內分二種。強則顯以刀劍是行
觸。輭則暗以愛欲行觸。並能行殺男女身命。是
等亦來飯投與記。茶者者。迴遮結界。鉤鈴鎖索
諸大神王。來與記。茄咧句。或尼陸帝。翻寂滅。又
尼闍帝。翻無生。離婆帝。翻勤行。闍彌迦。或遮嚕
迦。翻能降伏。略出云。彌伽迦。能興雲。舍句。或阿
舍你。翻無有。字母。伽車提。去也。呿提。空虛也。姥

三

句。毗陁羅。云赤色。母陁羅。翻印紋。雞句曼多難提。猶兒鬼也。或婆唎史迦。翻炎夏。旱魃鬼名。又翻雨時。又訓底迦。翻息災。阿句藍面鬼名。或毗藍婆。翻離結縛。亦云藥汁。乾句黃色身手鬼名。或虐伽他波賦。翻善品手。蠱毒鬼名。又犍吒波尼雞兒鬼也。如此善惡鬼神。悉令調柔。授佛記也。

什佛囉。七十一 堙迦醯迦。七十二 隧帝藥迦。七十三 怛隸帝藥迦。七十四 者突託迦。七十五 毗提什伐囉。七十六 毖彭摩什伐囉。七十七 薄底迦。七十八 鼻底迦。七十九 室隸瑟密迦八十 娑你般帝迦。八十一 薩婆什伐囉。八十二 室嚧吉帝。八十三 末陀鞞達嚧制劍。八十四 阿綺嚧鉗。八十五 目佉嚧鉗八十六 羯唎突嚧鉗。八十七

譯

什句。壯熱鬼。埵下。一日瘧鬼。隆下。二日瘧鬼。怛下。三日瘧鬼者句。五日瘧鬼。尼下。常熱鬼。毖下。增寒鬼。薄底。風病鬼。鼻底。黃病鬼。室下。疫病鬼。婆下。痢病鬼。薩下。頭病鬼。末下。不食鬼。阿綺。口痛鬼。目佉。齒痛鬼。羯唎。唇痛鬼。

證

眞言集。左囉哩迦呬迦你吠底野迦怛囉帝野迦撈咄嚕他迦纈底野左囉尾灑摩左囉薄底迦背底迦始哩瑟彈迦莎纈跛底迦薩哩縛左囉始嚕嘌底阿囉馱縛陛那嚧左迦阿更魯檢穆佉魯檢。訖哩訥魯檢。

釋

什佛囉。翻自在。毗盧十身。徧一切處。得大自在故。埵即婆誐。婆夜佛至尊也。亦即佛姓舍夷。者耶。釋迦亦即佛心。即葛哷迦。佛部心也。迦者。一迦羅。翻作者。我所作也。二婆伽。云聖尊修伽。云善逝。路伽儚。云世間解。路伽那陀。云世尊。後並如法例。知醯。即誐兮虛空藏也。寶部心隆句。或遮帝。云解脫。昵闍帝。云無生。一字經。娙力迦。金剛部心。怛鍊。一字經。阿𡀔力迦。法部。達哩摩心

者突出生經遮喇底翻行者羯磨部作法必尼
提出生經尼律提翻寂滅毘鈔摩翻種種三三昧
三十七聖三昧皆從毗盧佛部流出上約心法
此約人境薄底吶呔提亦空藏也阿婆帝云住
伽婆帝云捨謂住摩尼幢施捨寶也寶生部鼻
底破魔經育帝翻精勤竺法護云目帝翻解脫
羯磨部室喇翻堅固吉祥瑟密郎帝乞瑟尼翻
堅利智劍金剛部婆你字母翻一切法般帝郎
般刺密諦妙法蓮花部也薩婆無量一切也什
伐囉云自在佛寶五方佛也室嚧吉帝云光音
法寶五部法光聲色也末陀翻威德道風鞞達
翻廣大聖賢僧寶五大界內神通僧也嚕制劍
者一路迦耶翻世間二婆制遮翻語言徧覆大
千世界一切語言中所尚者皆依上師三寶諸
天風光致也又薩婆下佛天也末陀鞞達句善
薩藏經云吠索縛迦翻堪任堅固風天神名阿
綺名義阿夷翻無比正覺即覺世間佛寶摩尼
經阿伽東方雷電天神目佉即穆伽翻空眞空
法性虛空立界器世間法寶喀出云嗔伽翻雲
雲霞天神羯喇或羯喇馱都翻云法界眾生種

性情世間僧寶。清涼疏。伐理沙。翻雨。密部婆唎瑟迦翻云夏雨。雨露天神。統上謂以三世間三寶諸天神力颰大法風震大法雷霆大法雲霈大法雨。經云悲體戒雷震慈意妙大雲。注甘露法雨滅除煩惱緣正此義也。

揭囉訶八十八　揭藍羯拏輸藍八十九　憚多輸藍九十　迄唎

夜輸藍九十一　末麽輸藍九十二　跋唎室婆輸藍九十三　呰

栗瑟吒輸藍九十四　烏陀囉輸藍九十五　羯知輸藍九十六

跋悉帝輸藍九十七　鄔嚧輸藍九十八　常伽輸藍九十九　喝

悉多輸藍五百　跋陀輸藍一　娑房盎伽二　般囉丈伽輸

藍三

譯揭下。身病鬼。憚多。頤頷痛鬼。迄唎。心痛鬼。末麽譯頭痛鬼。跋唎。兩脇痛鬼。呰下背痛鬼。烏陀腹痛

鬼。羯知腰痛鬼。跋句諜痛鬼。鼻嚧腿痛鬼。常伽
腕痛鬼。喝悉兩手痛鬼。跋陀四肢骨節痛鬼。娑
下兩膊
痛鬼。

證 眞言集。訖囉蔓囉喝訖囉戍覽。難多戍覽訖哩
野戍覽。沫摩戍覽。播囉濕縛戍覽。毖哩瑟吒戍
覽。嗚那囉戍覽。健致戍覽。縛悉帝戍覽。嗚嚕戍
覽。曩伽戍覽。賀薩多戍覽。播那戍覽。薩哩縛盎
伽。鉢囉底
孕伽戍覽。

釋 揭囉訶者。一切鬼神種族性也。此總稱。下別列
揭藍。翻凝滑。胎中初七鬼名。羯拏鼻羯南。翻硬
肉。胎中四七鬼名。輸藍上局號。此通名。一首羅。云
云勇猛。戍喇。云勇猛有力。大力鬼也。二嬉羅。云
有心。嬉隸。云無意無力。小力鬼也。三娑嚩。云妙
術多財神。四輸塔。云清淨無財神。五輸檀祢。云
嚴淨。或輸檀膩。云遮住少財神也。但多齒痛鬼。
或馱都。守疆界神。迄句。一仡那。翻生。諸根新生。
二訖喇陀耶。翻肉團心。鬼神依此立名。七末摩者。
名義。末刺喃。或摩囉那。翻死。諸根故滅。又末那

識論翻思量意亦依此稱後例此知䟦下或鉢
羅奢佉此云形位具諸根形胎中五七位名又
鉢羅吠奢翻入六入也毗下或訖利瑟吒那翻
䶵六䶵也又訖利瑟吒耶末那翻染汚意執我
第七識名凝愛見慢故烏句一頞浮陀云疱胎
二七名二烏塔囉云勝胎中三十八七日二十
九種業風位名羯知起尸神或蔽尸云凝結或
頞肉胎三七名又揭伽半頭鬼也䟦句波帝夫
稱婆梨耶婦稱合名䟦悉帝或頞扶帝云諦往
鉢吉帝云無住勾神名又耶奢䟦帝云嗟歎無
常鬼稱鄔嚧賊寇鬼又鄔波鑠父稱鄔波弟母
稱連合日鄔嚧或識嚕拏云雙王兄治男妹治
女故夜磨盧鬼王總稱翻遮靜息又宴嚕身青
瘀病鄔波提翻有苦厄常伽鈎索鬼也喝句一
阿那他云非正使二阿蹬婆馬面鬼三訶利雞
舍師子髮鬼又悉伽羅野干鬼阿薩闍不可治
病鬼也䟦陀者翻善守賢護山林城池者也或
醯摩䟦陀云守舍守人家宅屋舍富那䟦陀云
集至成摩尼䟦陀云威伏行孔雀云嚩䟦所魅
是也婆房者宇母翻一切五體痛鬼或婆憎伲

藏板

翻火油燭鬼名。盎伽者。翻央掘。唐言指鬘。殺人取指。冠首爲鬘。刀兵鬼名。般囉翻知識。或波羅伽。云度河流。度橋流。又波羅赴。翻自在。曇摩跋羅翻學帝王。丈伽者。鎖鈴鬼名。孔雀經二十六種病痛。地藏經三十四種鬼王。童子經十五鬼名。本經十種畜鬼。施食經云六道四生。其中土等。皆是菩薩示現化身。調伏利樂。成熟有情。萬佛名經。意自在佛。身自在佛。六入自在佛。六觸自在佛。苦自在佛。集自在佛。權實善惡。惟智者知。下做思之。

部多毖跢茶 四 茶耆尼 五 什婆囉 六 陀突嚧迦 七 建咄嚧吉知 八 婆路多毗 九 薩般嚧 十 訶凌伽 一十 輸沙怛囉 二十 娑那羯囉 三十 毗沙喻迦 四十 阿耆尼 五十 烏陀迦 六十 末囉鞞囉 七十 建多囉 八十 阿迦囉 九十 密唎咄 十二 怛斂部迦 一二十 地栗刺吒 二二十 毖唎瑟質迦 三二十 薩婆那

俱囉二十四

譯

部下尸林鬼荼句魅鬼什下一切瘡鬼建句蜘
蛛瘡鬼婆句疔瘡鬼薩句漫淫瘡鬼訶句赤瘡
鬼輸句小兒瘡鬼婆句顛狂鬼毗下癩瘡鬼阿
句火毒鬼烏句水毒鬼末下女死鬼阿下橫死
鬼怛下藥草毒鬼地下
蝎毒鬼薩下蛇毒鬼

證

眞言集部多吠多那拏枳顊左囉掠訥嚕建拏
枳致婆路多吠薩跛囉賀陵誐戍洒怛囉娑誐
囉尾洒喻迦阿儗額嗢那迦跛囉吠囉建跛囉
阿迦藍沒哩注怛羅穆迦怛囉瑟吒迦沒哩室
旨迦薩哩
跛曩矩那

釋

部多翻希有大乘也毖多荼菩提道也二皆金
剛又毗婆闍婆提云分別論荼句商企羅翻鈴
螺金剛部乘又荼闍他翻不熱什句什皤羅翻
光燄一佛乘部陀句那他路迦世尊也又麼得
勒伽此云智母論名建句囉怛那翻寶寶生部
又婆犍圖翻法聚論開八聚總名也吉知云所

作虛空藏所作也婆句八萬波羅密多法也蓮
花法部又育多婆提翻相應論薩即般若妙法
諸度中尊又蓮花末藪名屈摩羅將落名迦摩
羅青蓮名嗢鉢羅又薩披提翻一切音婆頗囉
翻大智光訶即摩訶僧祇大眾部名屬羯磨部
又阿留伽云願顯辦事也阿囉伽云爱爱作法
也輸沙者輸他尼云嚴淨又沙離云妙術怛囉
離垢法也婆那者婆羅婆底云妙句羯囉即羯
哩磨成就部也上來五部佛佛乘五部菩薩大
乘眾論三乘也毗沙出生經提羅刪地翻堅持
地天神名毗婆沙翻廣解勝說論名喻迦密部
識識蘘葛葛那翻虛空空天神名瑜伽翻相應
行果乘境諸法相應故論名阿者火天烏陀即
娜迦水天末囉即囀野吠翻迅猛鞞囉即吠藍
婆翻最疾皆風天神名斯皆天乘也建路囉翻
慈善主阿迦囉翻大悲人又翻無量日時東方
人歷書名或阿達婆翻能醫技人書名密喇咄
者彌栗頭云善又閉羯灑翻捨是好施捨善人
也又彌戾車西方邊地王傳政書名末伽黎外
道名云不見道作斷滅論怛句或都羅扈云喜

護摩儀梳怛鉢囉謨那翻云無量喜心人也又怛歛即富蘭那外道翻色空亦斷滅論部迦即婆磨四韋陀中第三兵法南方人書名地句地嘌伽翻長大身體人或尼羅蔽茶唐言青藏又佉路瑟吒名義云北方人書名此五人乘也毖句即畢勒支底迦翻獨覺辟支佛乘也薩句即薩婆多部翻一切有持律比上聲聞乘也又此一句總結上明六乘種性故云俱囉自部多至此亦通鬼神王名善者護法人理增福惡者皈投歡喜滅罪亦名生死乘性楞伽初卷明是乘非乘有乘無乘又列五種乘性謂三乘性無性乘及不定性乘二卷明凡夫乘性聖人乘性又列四種謂如來緣覺聲聞生死四種乘性今佛咒心無論諸佛菩薩辟支羅漢人天鬼神魔外闡提生死乘性皆歸本元一眞法界藏心中也

肆引伽弊二十五揭囉唎藥乂二十六怛囉芻二十七末囉

視二十八吠帝釤二十九娑鞞釤三十悉怛多鉢怛囉三十一

摩訶跋闍嚧三十二吋瑟尼釤三十三摩訶般賴丈耆嚂三十
四夜波突陀三十五舍喻闍那三十六辮怛隸拏三十七

譯 肆下。虎狼毒鬼。揭下。獅子毒鬼。怛句。一切惡毒
鬼。末句熊羆毒鬼。吠下用制此類一切惡鬼悉
皆畏伏。悉下。花蕊也。摩下。啟
火金剛藏王。夜下。警力士衆。

證 眞言集。僧賀尾訖囉勿叉。怛囉芻沒哩誐娑縛
嚩帝釤。薩囉嚩吠釤。摩訶悉怛多鉢怛嚕摩訶
縛怛囉。烏瑟尼釤。摩訶鉢囉底孕儗
藍。夜縛那縛那。捨愈惹曩便多哩拏。

肆引伽。即奢夷耶者耶。貴姓也。本行經云。以住釋
釋 迦大樹蓊鬱枝條林故。略云舍夷。或云釋迦。此
翻能仁。從慈悲利物立姓。亦翻直林。以住直樹
林故。弊即毗牙。翻勝尊。佛部主。揭囉唎。即揭磨
哩。云作法藥叉。云勇健成就部。佛怛囉芻。即怛
哩摩耶。翻法。蓮華部。佛末囉。云如意。叉摩尼。云
離垢。視者叉耶。極盡義。寶生部。佛帝釤。即帝惹
覩威德。吠即尾誐。大勝義。金剛部。佛娑。即蘇都

邏迦。翻善歡喜。五部主佛。皆慶喜也。悉句咒心。
中央佛界。法寶及聖賢眾。跋闍金剛界。法聖眾。
瑟尼。灌頂寶光寶界聖法。般囉。般若智光。蓮界
聖法。式者。螺索結界。羯磨辦事。成就界法聖眾
冠上娑鞞鈔者眾獲法喜樂也。波突陀。即勃喃
夜者。阿也。無上。無比義。佛部佛寶。喻闍那。即跋
闍囉。舍。即室左。吼動徧震義。金剛部僧寶。怛嚩
拏。即達哩麼。擲。即毗藥尊勝最妙義。蓮華部法
寶三部三寶及護法
神王。至此盡慶成也。

毗陀耶三十八槃曇迦嚧彌三十九帝殊四十槃曇迦嚧彌
四十一般囉毗陀四十二槃曇迦嚧彌四十三

譯

毗下佛頂光聚大明心咒。不得入我結縛界內
帝殊下十二由旬結界地面。禁縛諸惡。一切邪
魔惡鬼神王。不能進入擾害。
般囉下。此咒能縛諸惡鬼神。

證

眞言集。尾你也。滿鄧迦嚧弭帝祖。
滿鄧迦盧弭。跋囉拏。滿鄧迦盧弭。

釋
毗即勃陀野翻正覺毗盧遮那如來佛部佛寶
也樂曇者滿怛囉翻大壇又滿馱翻云結界成
散樂譚翻云頂禮迦嚧翻大悲心字母迦羅翻
云行作彌即麽麽泰言我所求云你耶翻云上
至極盡謂菩提道場我辦佛事已極成也帝殊
即帝闍云威德帝爾甯云威光帝乞瑟你那翻
云堅固智劍金剛王部僧寶也樂曇彌者聖賢
筵席我轉教行妙輪已圓滿也般囉倪野即般
若翻云智慧求即八萬恆沙波羅密法毗陀者
法為佛母成菩提故蓮華法部法寶也樂曇彌
者楞嚴法會我所作法已畢功也是則三寶大
壇法界實際理地至此無不究盡成就也矣
五會咒中密開為八一突瑟下法界唯心二樂
乂下異生同性三什佛下五部源流四薩婆下
四天始本五揭囉下三種相續六部多下雜乘
顯眞七肆引下五界咒就八毗陀下三部理證
統上五會五法五道釋之初敬爰法見道二增
益法修道三消災法證道四降伏法化道五鈎
召法助道再以四門消之初二開示示教信解
理教三四悟利行行五入喜證果思之又初二

佛部。三蓮花部。四金剛部。五文殊。流通三部者也。又初據南無等佛寶會。二據烏𤙖等法寶會。三四五僧寶會。大槩判釋義意如斯。咒心密旨。無盡難思。凡情豈能度哉。

(子)次十句咒心跢句標詞唵下正說。初引生。二監窮。三橫徧。四佛部。五金剛部。六法部。七結界。八堅持。九開通。十圓成。此十句義實顯一切乘境行果法義詞說。十十無有盡也。

跢姪他四十四唵四十五阿那隸四十六毗舍提四十七鞞囉四十八跋闍囉四十九陀唎五十槃陀槃陀你五十一跋闍囉謗尼泮五十二虎𤙖都嚧甕泮五十三莎婆訶五十四

譯我今說此咒心。乃宣佛敕。一切眾類。仰如來力。聞誦此咒。悉當合掌恭敬頂禮汝等承佛威力。

各來衛護。行住坐臥。不相捨離。再嚴伏一切明
黨眷屬。汝等諦聽。各歸其所。向無上道。道至菩
提。

證

眞言集。怛你他。唵。阿曩黎。尾舍祢。吠囉嚩咀囉
馱哩。滿馱頻滿馱頻。縛咀囉。播尼吽發吽納嚕
吽發
莎賀

釋

跢句先標起。或怛姪他。怛你也。侘。怛涅達。瑜伽
集云。卽說咒曰。名義翻所謂唵下次咒語唵者
引生義。空智經。佛言一切眞言句首。當安唵字
持明藏云。唵爲毗盧佛根本。能警覺一切。前已
詳明。阿那隸者。監高義。或阿槈多羅。翻無上佛
則無上尊。菩薩無上士。心則無上菩提。又阿彌
唎哆。翻無量光。上約人也。竺法護云。阿那盧。翻
無量。阿羅帝。翻學諸法。阿婆多尼。翻云無量諸
說阿㝹伽地。翻無量衆生聲。通約法也。阿那律
翻無滅。阿泥律陀。翻如意。阿㝹樓馱。翻無貧。竺
法護云。阿隸。翻順教。阿梨。翻富有。㝹那梨。翻無
戲。兼二乘僧等。毗舍提者。橫徧義。或毗舍浮。翻

徧一切自在遮那或舍那翻徧照又鞞殺逝翻
藥妙法藥也通於佛名俱舍或比吒翻藏三藏
五藏也竺法護云婆舍輸地翻云所說鮮明瑜
伽俱舍跋舍尾舍翻鈎鈴索名義毗舍遮翻啖
精氣毗舍佉翻云別枝沓神王名又毗迦蘭帝
翻無礙行竺法護云遮黎第翻所行擅帝翻志
默鳩舍隸翻云方便仁和此二貫下諸句會義
通之鞞囉即毗盧翻云徧一切處佛部跋闍囉
金剛部陀唎一怛唎摩翻法顯密並攝二陀羅
尼翻總持密教法部兼上初句即阿目伽或阿
那支第翻云作法無斷即羯磨部次句毗舍提
即空智經阿薩多婆囉喃此翻珠寶破魔經毗
摩隸翻云無垢即寶部也又鞞囉印嚧怛羅中
方地自在佛旺於四時跋闍囉即毗藍婆翻云
不可沮壞東方風自在佛又跋僧多翻云春氣
時也陀唎即阿檀地翻二無我法性空西方空
自在佛又蘇伐羅或伐羅闍翻金西方屬金即
金剛般若波羅密光明入勝佛亦云兜沙羅或
捨刺翻云秋霜時也阿那隸者竺法護云阿婆
盧翻云辦事無盡阿盧伽婆翻云觀作法光北

方水自在佛又荼闍他或從羅翻云寒冬時也
毗舍提或式棄又惡祁尼些吉利翻火南方火
自在佛又婆利史迦或迷袛曳翻云夏雨時也
又鞞囉覺世間佛寶闍囉情世間僧寶陀唎器
世間法寶又阿那具十大丈夫號毗舍十智光
照徧入自在鞞囉十身佛闍囉十金剛犬乘陀
唎十波羅密十陀羅尼並如華嚴離世間品上
五句咒已攝世出世法況餘句耶槃下結界義
名義集槃陀此云二十八肘下云十二由旬成
結界地約事釋也理實十法界四法界皆結歸
於咒界心也此眞為迴遮大結界矣或漫哆囉
翻云壇場持心經云悉蟬提曼陀鉢者所說咒
地吉也事壇三部五部三寶壇又施食儀內壇
上師三寶中壇顯密聖賢外壇三界神王又闘
修三昧為身壇持誦眞言為口壇觀想咒心為
意壇理壇即三如來藏心三法界性無為理有
為事無障礙也三陀羅尼種智萬佛名經云智
稱性三種是也伱者上也事理二壇悉皆極上
佛頂首楞嚴王一切事法盡究竟也跋闍囉金
剛王也護持義謗尼即波膩翻杵手手執金剛

柘故泮者字種開通義謂三十七聖百八金剛

八萬四千恆沙俱胝藏王菩薩用折攝門擁護
佛生皆悉開通也虎件五序警覺義覺悟一切
聖凡也彌陀阿閦成就寶生毗盧五佛智種泮
義同上謂五部三寶齊開五門三法通現增益
敬愛等上中下三也普令十界眾生世出世間
因果隨願所求無不如意也莎婆訶者圓成義
持明藏云請召法用嚩哩發遣法用吽調伏法
用嗡唎吽嚩吒增益法用冒沙吒敬愛法用囊
謨息災法用莎訶空智經云佛言一切眞言句
首當安唵字亦置吽嚩吒字後用莎賀字仁王
儀不空釋為六義一成就二吉祥三圓寂四息
災五增益六無住賢首疏薩婆訶唐翻速成令
前所作速疾成就也名義集娑訶此翻善說又
云散去若會合云一切災惡悉皆散滅無盡福
善都集成也又此咒願不出四悉孔雀偈云願
諸世界常安穩無邊福智益羣生所有罪業並
消除違離眾苦歸圓寂初句世間悉歡喜益下
云此咒救護世間得大無畏成就眾生出世間
智亦句為人悉生善益端為阿難此會大眾當

來輪迴三苦眾生三句對治悉破惡益對登伽
女梵天邪術破諸魔外一切惡咒四句第一義
悉入理益下云十方如來成覺涅槃等又槃陀
具十守護謗尼十手力持虎許含十奮迅十師
子吼莎訶十相成道亦如離世間品詳說一釋
咒語意若約四法門陀一教乘阿那隸七佛咒
經阿那者置慮翻云救諸病苦人天乘教毗舍
提七佛咒經云毗尼波啄翻云斷結或支富提
梨那翻云度出三界二乘小教也鞞囉佛性大
乘十教陀唎法性大乘頓教槃陀結成五位法
相三乘分教謗尼金剛般若空相三乘始教虎
許一乘圓教二觀行阿句仁王儀阿者寂靜破
魔經阿者黎翻無動毗句仁王儀妳者無諍破
魔經尼律提翻寂滅或涅誓提翻無生此二句
理法界觀空藏心鞞囉下事法界觀不空藏心
跋闍下無障礙法界觀空不空藏心泮字空義
餘十字不空義三果位唵毗盧佛阿彌陀佛那
勢至菩薩隸胥索菩薩毗蠥眉菩薩舍吒枳明
王提準提菩薩鞞囉末攞犬力明王寶生佛跋
闍囉陪囉無能勝明王陀唎法金剛菩薩槃陀

妙吉祥日前摩枳菩薩你彌勒佛你羅大笑明
王跋鉢訥馬首明王鉢囕隨求菩薩闍欀虞利
菩薩囉寶光佛眼菩薩謗白衣菩薩尼金剛手
菩薩虎件阿閦佛訶邏曷羅菩薩都嚧多羅菩
薩左攞不動尊明王甕犬徧照金剛大輪明玉
泮跋陀步擲明王鉢蘭拏賒嚩哩菩薩莎降大
干界菩薩婆伊迦惹吒菩薩訶縛日囉曩契菩
薩此如大敎王經持明藏說又唵信心阿句念
心毗句進心鞞囉慧心跋句定心陀唎不退心
槃下護法心跋下回向心烏下戒心莎句願心
依此十心證十果位謂漸乾信住行向加地等
妙配咒十句如亦思知佛名經若色若聲俱是
咒心或見或聞莫非佛性故列二十四尊陀羅
尼佛四義理唵一切法本寂義流注不生滅義
三身義最勝義阿寂靜義無生義那離名性相
義隸無相義毗第一義舍寂滅相義提無取捨
義轉諸法平等義囉離輕重相義跋言語道斷
義闍能所生起不可得義囉無垢義陀善心生
不退義唎無染義槃圓滿義陀究竟邊際不可
得義你盡除節限義跋破壞相不可得義闍無

有作者義囉無塵濁義謗無能知智義尼無所
知境義泮如虛空義虎清淨義絆離縛解義都
法性不可得義嚧無盡藏義䜘法身周徧義泮
因果相窮盡義沙一切法種不可得義平等無
言說義婆無能所動跡義止彼岸不可得義訶
無因無住涅槃寂靜眞如不動六義詳如字母
仁王儀持明藏五字八字等明二四門解竟問
此一咒語何有如是深廣義耶答如婆伽六義
薩埵十義修多羅一名四實爲席經井索線鬘
聖教仙陀婆亦爾謂鹽水器馬惟智臣能知又
如易經乾卦元亨利貞四字文言配四德仁義
禮智註中配四時春夏秋冬且云與天地合其
德與日月合其明與四時合其序與鬼神合其
吉凶況此十句三十四字咒心義耶況此五會
眞言義耶又阿那隸無生性義即阿毗此云現
證一心成等正覺果也毗舍提不滅忍義即吠
舍此云現入全身進入三摩地也又阿耨多翻
無極理也毗詵者翻灌頂果也前云我以不滅
毗舍不生槃那合如來藏鞞而如來藏惟妙覺
明鞞闍圓照法界毗是故於中一爲無量無量

為一小中現大大中現小。[illegible][illegible][illegible]道場徧界身含十空。毛毫現刹。塵裡轉輪[illegible][illegible][illegible]滅塵合覺[illegible][illegible][illegible][illegible][illegible]故發真如妙覺明性。下云若我說是般怛囉咒。經恆沙劫終不能盡。則今所釋咒義。亦海中一滴耳。毋以瑣碎為憚。諦審斯意。堪祕密部「三通妨難竟」又一字佛頂輪王經云。佛言我入一切如來無量光明白傘蓋頂輪王三摩地。即說咒曰。娜莫縒曼韈一勃馱南二唵吽三韈訖議姤瑟膩灑四樶囊嚩盧枳韈姹杕馱五唵吽六麼麼七虎吽溺八印成就品云白傘蓋頂輪王印咒。以左右二無名指二小指右壓左相叉入掌。二中指微屈第一節。半頭相拄交開。二頭指相去半寸。印咒曰。娜莫縒曼韈一勃馱南二唵吽三麼麼麼麼四虎吽溺五餘詳彼經。及圓譚引真言集。吽發莎賀之後。結尾咒曰。唵尾魯你也莎賀[illegible][illegible]囊謨薩哩縛怛他阿誐多。素誐多野。阿羅喝帝。三藐三沒馱耶烏瑟尼釤摩訶悉怛哆。鉢怛藍佛頂心咒摩訶悉鈿靚滿怛囉跋那野[illegible][illegible]莎訶。三藐鉢多。四

引證文竟。

統上翻釋咒義已終。

千手千眼觀世音菩薩無礙大悲心陀羅尼合音

南無喝囉怛那哆囉夜耶南無阿唎耶婆盧羯帝爍鉢囉耶菩提

納摩喇答納答喇鴉阿鴉。納嘛斯阿喇鴉阿斡羅基得刷喇阿鴉。玻堤

薩跢婆耶摩訶薩跢婆耶摩訶迦盧尼迦耶唵薩皤囉罰

薩鴉阿鴉。嘛哈阿薩鴉阿鴉。嘛哈阿嚘阿嚕呢嚘阿鴉。唵薩拔拉拔

曳數怛那怛寫南無悉吉利埵伊蒙阿唎耶婆盧吉帝室佛囉

踶舒。達哈納答薩鴉。納嘛薩基喇鴉尼嘛嘛。阿阿喇鴉阿斡羅基得刷喇，

楞馱婆南無那囉謹墀醯唎摩訶皤哆沙咩薩婆阿他豆

蘭答嚱。納摩尼拉嘎那叉沙。嚩伊嘛哈阿巴答沙窒。薩喇斡多都

輸朋阿逝孕薩婆薩哆那摩婆伽摩罰特豆怛姪他

舒瑣嚤阿施雍薩喇斡薩達納嘛跋噶嘛跋得都答鷄墖
唵阿婆盧醯盧迦帝迦羅帝夷醯唎摩訶菩提薩埵
唵呵阿斡羅基羅嘎得嘎拉隄厄施禮嘛唅阿玻堤薩鷄
薩婆薩婆摩囉摩囉摩醯摩醯唎馱孕俱盧俱盧羯
薩菠薩菠嘛喇嘛喇嘛施嘛施哩噠雍姑嚕姑嚕喝
懞度盧度盧罰闍耶帝摩訶罰闍耶帝陀羅陀羅地
嚹都嚕都嚕跋施鴉隄嘛唅跋施鴉隄噠喇噠喇堤
唎尼寞囉唧遮囉遮囉摩摩罰摩囉穆帝囇伊醯移醯
哩呢唰喇鴉雜拉雜拉嘛嘛跋嘛喇穆堤禮厄嚢希
室那室那阿囉嘇佛囉舍利罰沙罰嘇佛囉舍耶呼

施納施納阿拉嚩嚩拉沙哩嚩沙嚩生嚩喇沙鴉乎

嚧呼嚧摩囉呼嚧呼 嚧醯利娑囉娑囉悉利悉利蘇嚧蘇

嚕乎嚕巴喇乎嚕乎嚕薩伊薩喇薩喇西哩西哩蘇嚕蘇

嚧菩提夜菩提夜菩馱夜菩馱夜彌帝利夜那囉謹墀地唎瑟

嚕鋪堤鋪堤鋪嚨鴉鋪嚨鴉罨篭葉尼伊拉嘎那答哩沙

尼那波夜摩那娑婆訶悉陀夜娑婆訶摩訶悉陀夜娑婆訶

喇那嚩鴉嘛那娑訶西答鴉娑訶嘛嗡西答鴉娑訶

悉陀喻藝室皤囉耶娑婆訶那囉謹墀娑婆訶摩囉那囉娑婆訶

西答鴉葉唰喇鴉娑訶尼伊拉嘎那堇娑訶巴喇尼拉娑訶

悉囉僧阿穆佉耶娑婆訶娑婆摩訶阿悉陀夜娑婆訶者吉囉阿

達西噠穆喀鴉娑訶薩薩斡嘛哈阿阿薩答鴉娑訶匝嘎喇阿

悉陀夜娑婆訶 波陀摩羯悉陀夜娑婆訶那囉謹墀皤伽囉耶娑婆

薩答鴉娑訶巴達嘛哥沙鴉娑訶尼伊拉嘎那輦巴那耆拉鴉娑

訶摩婆利勝羯囉夜娑婆訶南無喝囉怛那哆囉夜耶南無阿

訶摩薩禮沙迦阿嘎喇葉娑訶納摩喇答納答喇鴉阿鴉納嘛斯阿阿

唎耶婆嚧吉帝爍皤囉夜娑婆訶唵悉殿都曼哆囉鉢䭾耶娑婆

喇鴉阿斡囉基得刷喇鴉娑訶唵西達鴉哈納都者嘛納答喇巴答葉娑

訶

訶

此咒從大藏四體文字合璧全咒內錄出第十六句無那摩婆薩哆五字其中凡遇呼聲應長之字

將本字疊書而下微小。有本字下另帶別音者。將別音字細書於下。有音無字者。以反切二字並書之。有一字帶二音三音者。將分數多之字正書。分數小之字細書。合爲一字。例此應知。

千手千眼觀世音菩薩無礙大悲心陀羅尼譯釋

南無翻皈命敬從。喝囉怛那翻寶。哆囉夜翻三。唧翻作禮。○首句通皈三寶

謂皈命禮十方無盡三寶也。

南無同前阿唎翻聖者。又翻遠離惡不善法。唎。翻禮。婆盧羯帝翻觀或翻光。又

翻所觀察。爍鉢囉翻自在。或翻世音。唎。翻禮。菩提翻覺。薩哆翻度。婆唎。翻禮。

摩訶翻大翻多。翻勝。薩哆翻勇猛者。婆唎。翻禮。摩訶翻大。迦盧翻悲。尼迦

翻心。唧。翻禮。○此五句。菩薩自覺自度覺人度人。

唵。翻本母。謂有此本母咒句引導出生十種法門字句。觀智行願。教理因果也。薩皤囉翻自

在。罰曳。翻世尊聖尊。數怛那翻正教勝妙。又高上勝生。又翻妙處勝身。或翻最上乘地

怛寫。翻歡言笑語。又翻教詔咒召。○此三句。唵句爲咒母。薩句是佛。數怛句法。總明聖賢加護也。

南無皈命。悉吉利翻禮拜。埵伊蒙翻我無我之我也。阿唎耶翻聖者。
婆盧吉帝翻觀。室佛囉翻世音。楞馱婆翻海島。或云。即補陀落迦。翻小白花
山。即大悲處。亦名慈愛宮。西域記曰。呾落伽山。在南海有石天宮。觀自在菩薩游舍。○此二句祈願
加護顯化功德寶山。莊嚴殊勝。如天宮不可往也。上何人下句處。
南無皈命。那囉翻賢。謹墀翻愛。合言賢愛。即慈悲心。恭敬心。無上菩提心也。醯利
翻心。言心無染着也。摩訶皤哆沙咩翻大光明。或翻長照明。空觀心也。薩婆翻一
切。平等心也。阿他豆翻富樂無貧。或翻如意無滅。即無為心也。輸朋翻嚴淨無憂。即無見
取心也。阿逝孕。翻無比法。或翻無比教。即卑下心。無雜亂心也。○此四句是菩薩般若心法。○
按大悲經中。此十種心。即是陀羅尼相貌。當依此修行。
薩婆薩哆。翻一切大身心菩薩。那摩婆薩哆。翻童真開士。即法王子號。請佛為法

王。菩薩入法正位。乃至十地。悉號法王子位也。那摩。翻無等等。婆伽。翻世尊。即十方諸佛也。摩罰特豆。翻天親世友。○此二句。禮求佛菩薩。為我天親世友。成就一切。○以上六節。皈求聖賢加護竟。

怛姪他。翻即說咒曰。即指咒中說菩薩聖號悲心。唵眞言。字種。手印。智眼。諸法門也。或翻所謂引生義。阿婆盧醯。翻觀音。盧迦帝。翻世自在。或翻世尊。迦羅帝。翻悲者救苦難故。又翻作者。與道業故。夷醯唎。一翻順教。二翻無心。摩訶菩提薩埵。翻大道心。勇猛者。○此六句。是菩薩定慧兩足。萬行嚴身。悲苦作法。隨衆生心。本無生相。故能現三十二應。十四無畏。四不思議。得眞圓通。成就菩提。

薩婆薩婆。翻一切利樂。即寶印手眼。摩羅摩羅。翻增長。又翻如意隨意。即如意珠手眼。摩醯摩醯。翻無心極意。又翻大自在。即五色雲手眼。唎馱孕。翻蓮花心。即青蓮花手眼。俱盧俱盧。翻作法。又作用莊嚴。又翻吹螺結界。即寶螺手眼。羯蒙。翻辦事。翻功德。
辦諸功德事也。即白蓮花手眼。度盧度盧。翻度海別淨到岸。謂明而能決定而能淨也。即月精
摩尼手眼。罰闍耶帝。翻廣博嚴淨。又翻廣大。又翻度生死。即傍牌手眼。摩訶罰闍
耶帝。翻最勝廣大法道。即寶戟手眼。陀羅陀羅。翻能總印持。即淨瓶手眼。地利尼。
翻甚勇寂滅。潔淨。又翻遮持摧開。即鐵鉤手眼。室佛囉耶。翻觀自在。又翻放光。或火焰光。即日
宮手眼。遮囉遮囉。翻行動。即寶鐸手眼。摩摩。翻我所。即白拂手眼。罰摩囉。翻最
勝離垢。或無比如意。即化宮殿手眼。穆帝囇。翻解脫。即楊枝手眼。伊醯伊醯。翻順教順
召。又心到也。即髑髏杖手眼。室那室那。翻人智弘誓。即寶鏡手眼。阿囉嘇。翻轉輪法
王。即化佛手眼。佛囉舍利。翻覺身子。即數珠手眼。罰沙罰嘇。翻歡語歡笑。又翻丈
夫士夫。即寶弓手眼。佛囉翻子舍耶。翻象。合義謂心覺象王之身子也。即紫蓮花手眼。呼

嚧呼嚧摩囉。翻作法如意。又翻作法莫離我。即玉環手眼。呼嚧呼嚧醯利。翻作法無念。又翻作法自在。即寶鉢手眼。娑囉娑囉。翻堅固力。即金剛杵手眼。悉利悉利。翻勇猛殊勝吉祥。即合掌手眼。蘇嚧蘇嚧。翻甘露水。即施甘露手眼。菩提夜菩提夜。翻覺道覺心。即不退金輪手眼。菩馱夜菩馱夜。翻知者覺者。即頂上化佛手眼。彌帝利夜。翻正量大量。又翻大慈悲心。即錫杖手眼。那囉謹墀。翻賢愛賢首。又翻善護善頂。即寶頂手眼。地唎瑟尼那。翻堅利。又翻劍。寶劍手眼也。○以上總明諸法總持竟。波夜摩那。翻名聞。名稱聞十方也。翻喜稱。歡喜稱名也。又翻成名名。名義成就也。即寶箭手眼。娑婆訶。翻成就。吉祥圓寂。息災。增益。無住。其六義。下皆同此。悉陀夜。翻成就頓吉。又翻成辦。或成利。或一切義成。或所共稱贊。娑婆訶。同前。摩訶悉陀夜娑婆訶。翻大種種成就。此二句。即寶經手眼。悉陀喻藝。翻成就利。翻無為虛空。室皤囉耶。翻自在。娑婆訶合上。謂無為法性理地。自在成就也。卽寶篋手眼。那囉謹墀娑婆訶翻賢愛成就。摩囉翻如意。那囉翻尊上戲卽羂索手眼。娑婆訶同前。悉囉僧翻愛護。阿穆佉耶翻不空不捨愛眾和合也。卽鉞斧手眼。娑婆訶同前。娑婆翻堪忍愛又翻善說善到。摩訶翻大乘法。阿悉陀夜翻無量成就。娑婆訶連上。謂究竟到彼岸大乘法皆悉成就也。卽蒲桃手眼。者吉囉翻金剛輪又翻降伏恐魔。阿悉陀夜娑婆訶翻無比成就連上卽跋折羅手眼。波陀翻紅蓮花。摩羯翻善勝。悉陀夜娑婆訶翻皆悉成就連上卽紅蓮花手眼。那囉謹墀翻賢守。皤伽囉耶翻聖尊或翻觀自在。卽施無畏手眼。娑婆訶同前。摩婆利勝翻大勇。又翻英雄德。羯囉夜翻生性本性。娑婆訶連上。謂生性本性大勇德皆成就也。卽總攝千臂手眼。○根本咒竟。

南無飯命喝囉怛那。翻寶。哆囉夜翻三。唎翻禮。南無飯命阿唎翻聖
者。唎翻禮。婆嚧吉帝翻觀。爍皤囉翻自在。夜翻禮。娑婆訶翻成就。
唵引生義。悉殿都翻成就我界。漫哆囉翻道場法會。跋陀耶翻隨心圓
滿。娑婆訶。○摘釋大悲咒竟。

卷表刀

板橇

佛頂尊勝陀羅尼　唐罽賓國沙門佛陀波利譯

那謨（翻皈命）薄伽跋帝（翻聖尊。○一）啼隸路迦（稽啝反○翻三世。）鉢囉底（翻光明。）毗失瑟吒啝（余何反。下同。長聲○翻最勝安住。）勃陀耶（翻正覺。○二○）

疏曰此皈命諸佛令離地獄苦報也謂皈命大聖釋迦世尊及三世光明最勝安住妙覺佛也。同傳咒故。

薄伽跋底（翻釋尊。○三）怛姪他（翻所謂。○四○此宣說神咒令除生盲賤難。）唵（長聲○先導義。○五）毗輸馱耶（馱音大徒臥切。翻頓吉。又翻遍淨。）娑摩（翻正受正定。）三漫（音文）多（翻普遍。）皤娑娑（翻無等等。○六）娑破囉拏（翻盡皆。）揭底（翻去度。）伽訶那（翻虛空。○七）娑婆皤（翻自性法性。）輸秫地（翻種種施設成就。）阿鼻詵（去聲）者（翻無上灌頂。）蘇揭多（翻善逝。）伐折那（翻金剛。○）

八阿喀嘌多翻無量光。毗曬雞翻灌頂。○九。疏曰此二番灌頂也。謂一切業障悉
清淨。以無等普遍三昧。盡皆度去眞空法性。畢至成就灌頂。又以佛無量金光遍灌一切頂門也。
阿上聲訶囉去聲。○翻無垢行。阿訶囉。同上。○十阿瑜翻無爲性散陀長聲
羅尼。翻妙總持。○十一輸音舜入聲馱耶翻成淨。輸馱耶翻成吉連上。謂此總
持咒。罪垢不染。是無爲理。凡所到處。能淨一切災。能增吉利也。○十二伽伽那去聲。○翻虛空
無相。毗秫提翻一切遍補。○十三烏瑟尼沙翻佛頂。毗逝耶翻盡。秫
提。翻圓成。連上。謂此咒是一切佛無見頂相。故能令天神護人鬼敬也。○十四娑訶娑囉
翻善妙眞言。○又云最勝咒句。喝囉濕弭翻長大光明。珊珠地帝。翻遍動甚勇。連
上。謂此咒是放種種光明。然後說斯尊勝眞言。故能破地獄。除生死也。○十五薩婆翻一切。怛
他揭多翻如來。地瑟咤長聲那翻慧光安住。頞地瑟恥帝翻無量智

光加持。運上。謂此咒是釋尊與一切如來住持智慧而說。故能受佛記。菩薩覆護。統上四節意旨。故名佛頂尊勝咒也。○五法利益竟。

慕音母咥隸音犁○翻解脫果。○十六跋折囉迦長聲耶翻金剛行。僧訶多那翻海藏。秫提翻能成。運上。謂一切因果並如海藏咒能成也。○十七薩婆翻一切事境也。伐羅拏翻無量法觀。吡秫提翻圓就。謂種種境觀咒悉就也。○十八鉢羅底你翻智慧。伐怛耶翻妙教。阿瑜翻無爲理性。秫提翻元辦。謂教中所詮智理咒咸辦也。○十九薩末那翻正定。阿地瑟恥帝音低。○翻慧光住持。謂無量定慧皆依此咒得安住也。○二十○四門教行竟。

末禰翻離垢。末禰珠名。○二十一怛闥多翻如來。部多翻大身。俱胝翻百億。鉢唎翻種種能。秫提翻成圓滿。經云。如摩尼寶淨等虛空。如佛日藏身光遍照。此佛頁。咒能成也。毗音彌。薩音悉。下同。○二十二 普吒翻能摧悴勃地翻覺道秫提翻成就。經云除罪業。破穢惡乃至不退轉得菩提。咒悉就也。○三十三 社耶音亞。下同。○翻盡。下同。社耶。○二十四 毗社耶翻最極盡毗社耶同上。○二十五 薩末囉翻亘正如意。薩末囉同上。勃陀翻覺額地瑟恥多翻智光棲止。秫提翻究竟。經云生死究盡。佛果如意。得到菩提道場勝處。此吉祥咒能總持也。○二十六○三種名義竟。

跋折梨翻金剛心智。跋折囉揭鞞翻成辦金剛揭磨事業。○二十七 跋折濫翻金剛行。金剛界。即金剛法界中所行法也。婆伐都。翻威德聖尊。○二十八 麼麼翻我所作者。○持咒人於此。自稱名字云。弟子某某受持。○疏曰。謂此勝咒。即金剛藏。故能成辦一切佛法事業。得金剛不壞身。增無量壽命。仰願金剛界內大雄世尊智印。印我成就如意也。○寶王攝受竟。

薩婆薩埵翻一切開士。僧寶。嚩迦長聲耶翻盡作者。毗秫提翻遍成○二十
九薩婆揭底翻一切度去。法寶。鉢唎翻種種能。秫提翻圓就。○三十薩婆
怛他揭多翻一切如來。佛寶。三摩翻正定。又云等持。濕婆婆翻遍至護。遏
地瑟恥帝。低字呼。○翻智光加被。○三十一○經云此陀羅尼。一切菩薩住門。百千諸佛智印
若常誦念得大涅槃常與佛會說微妙義疏曰願
我所作所求世出世法伏請三寶盡三昧力遍加
護持令頓成也。
○三寶加持竟。
勃陀翻覺者。勃陀即能證人。蒲馱耶翻覺道果。蒲馱耶即所證道。三漫
多翻普遍十方。鉢唎秫提翻一切能成。○三十二薩婆怛他揭多翻一
切如來。地瑟吒長聲那翻慧光加持。頞地瑟恥帝翻無量智光安住。○三十
三娑婆訶。翻速疾圓成。請求諸佛如來。普以大智慧光。加我安我。速疾圓滿。得大解脫也。

觀想手印法

淨身口意。想自心中有圓月輪。輪上想[illegible]欠字。白色放光遍照十方世界。思惟欠字實相義。所謂一切法等同虛空。離諸色相。離諸障礙。於眞實理中觀自身作金剛波羅密佛母菩薩像。左手執蓮花。花上有五股金剛杵。右手仰掌垂手為施願勢。頭冠瓔珞。面貌慈愍。拔濟一切衆生勢。念誦時常作此觀想。一切所願。無不成就。

印相。兩手合掌。屈二頭指甲相背。以兩大指。押二頭指頭。如彈指勢。

佛頂尊勝陀羅尼咒　出大明仁孝皇后夢感經

唵引生義。啫嚨翻佛寶閣沙訶疾成義。唵捺謨翻皈命。癹葛斡諦翻聖尊。薩哩斡翻一切。得囉盧迦翻三世。卜囉諦翻光明。月涉瑟吒耶翻最勝安住。勃塔耶爹翻正覺者。捺麻翻信從合前。謂十方三世大光明義中最勝安住佛法覺者我皆敬禮信從者也。

答的牙塔翻即說咒曰。唵翻出生無盡法義。啫嚨啫嚨啫嚨啫嚨翻佛寶閣連三稱者成咒祝故。約訛塔耶翻一切義成。約訛塔耶翻頓吉。月約訛塔耶翻種種義成。月約訛塔耶翻遍吉。並二稱者眞實無謬故。緊要異常故成就二嚴故空二執障故。○疏曰謂五佛寶閣中遍滿吉祥成就種種勝妙義也。

啞無生義。薩麻翻正定。薩纔達翻普遍。啞斡癹翻無等等薩。翻眞正勝妙。謂無生三昧普遍十方。無等勝妙者。一也。思葩囉拏。翻普皆供養。葛訥翻去度。

葛葛拏。翻虛空藏。娑婆斡。翻勝妙作爲。謂普皆供養盡以深慧度去。到虛空藏菩薩一切出世間法供。勝妙作爲者。二也。月述提。翻種種施設。亦翻悉皆成就此行結上二最勝皆悉成就也。啞撇擅賁。翻無生灌頂。都拾。翻我某甲等。謂能令我某等。一切皆悉證入無生三昧。受灌頂記莂也。

薩哩斡答塔葛達。翻一切如來。蘇葛答。翻好去。即善逝也。佛瓦囉。翻賢善。僧斡搜拏。翻金剛所行。啞密哩達。翻無量光。啞撇釋該而。翻灌頂。

馬曷木得囉。翻大解脫。曼特囉。翻壇。叭呆。翻究竟到彼岸。○疏曰。謂一切如來賢聖。各舒金剛手臂放瀰陀無量光明授以無生灌頂位記。令得大解脫壇。究竟到也。

啞曷囉。翻無垢行。啞曷囉。翻同上。馬麻謁由而。翻無爲。或不爲。傘塔囉尼。翻最勝總持。即尊勝王咒也。杓訖塔耶。翻成利。杓訖塔耶。成利。月杓訖塔耶。翻種種吉利。月杓訖塔耶。同上。○疏曰。謂尊勝王咒。無垢無爲。總一切法。持無量義。吉祥利益。悉皆具足也。

薩婆羯摩。翻一切作法。婆囉拏伱。翻圓滿。謎嚧囉跋。翻寂滅。○疏曰。此三句。依日照本添入。謂一切作法圓滿。寂滅無垢。成尊勝也。

葛葛拏。翻虛空藏。婆發幹。翻尊勝施爲。月遮提。翻種種成就。○疏曰。謂虛空藏普通法供。尊勝妙絕。皆悉成就也。烏失尼沙。即佛頂。跋囉曷。翻大無盡。囉怛那。翻寶藏。○疏曰。此六字依日照本添入。謂此佛頂。是大寶藏也。月拶耶。翻能盡。達摩馱都蘇。翻法界勝妙。此句依日照法師譯本添入。巴哩述鐵。翻能成。又翻種種圓就。

薩曷思囉。翻善說妙句。囉思彌。翻長照明。傘租參敵。翻普皆震動甚勇。○

疏曰。謂大佛頂上。諸佛寶藏。無不能盡。法界妙性。莫不證成。善說妙句。光明長照。能令十方震動。甚大勇猛也。

薩哩斡。答塔葛達翻一切如來。啞斡魯結尼。翻無量光自在。煞吒翻摧碎。巴囉密達翻到彼岸。巴哩翻種種能。卜囉尼。翻圓滿。○疏曰。謂一切如來及阿彌陀佛。各以自在光明。令我摧碎惑業苦三道。到彼涅槃岸。諸賢聖種種勝妙功能。皆悉圓滿無遺餘也。

薩哩斡。答塔葛達翻一切如來。麻諦翻智。答攝蒲翻稱歎法句。密卜囉翻大光明牒瑟吒帝。翻智光安住。○疏曰。謂一切如來。以大智慧稱揚讚歎尊勝法句。令其出則法光遍照。入則住於大光明藏也。

薩哩斡。答塔葛達翻一切如來。赫哩達耶。翻寶藏。啞翻無生義。牒

瑟吒拏。翻無量慧光安住俗。啞。喋瑟吒諦。翻無量智光安住眞○疏曰謂一切如來
及寶藏佛並於佛寶閣中以大慧光住於俗諦以大智光住於眞諦者也。
木得哩。翻解脫。木得哩。解脫。摩訶木得哩。翻大解脫。幹資哩。翻金
剛幹資哩。金剛摩訶幹資哩。翻大金剛此三句依不動上師譯本添入幹資
囉葛耶。翻金剛我所作所行者。三曷達拏。翻海藏。叭哩述鐵。翻能成。○
疏曰謂大解脫果金剛三昧出生利樂如海無盡唯此能圓證也。
薩哩幹。翻一切。葛哩麻。翻作辦事業法。啞幹囉拏。翻無量觀自在。月述
鐵。翻種種成就。○疏曰謂一切佛事無量觀行此中皆能成也。
卜囉喋聶。翻智慧圓滿。幹而達耶。翻妙句教法也。馬麻藹由而。翻無
爲理性也。月述提。翻勝成。○疏曰謂圓滿經教二一空無爲理性皆於此成就也。

薩哩斡。答塔葛達。翻一切如來。薩麻耶翻正定。啞牒瑟吒拏

啞牒瑟吒諦同前。○疏曰謂一切如來。於正定中。以慧光如量而住。作諸佛事。以智光如理而住。成就教理也。

唵引生義摩尼翻離垢。摩尼翻尊長。馬曷摩尼翻大如意。月摩尼翻種種最勝寂默。月摩尼同上。馬曷月摩尼同上。蘇眞陀末昵翻妙己赤心如意珠。此一句依凡照譯本添入。麻諦翻智慧。麻諦翻能證智。馬曷麻諦翻大智慧。麻麻諦翻堅牢智慧。莎麻諦翻無礙智慧。答塔葛達翻如來。

蒲達翻大身。戈達翻百億丈夫身。巴哩述提翻能成。謂以理能成證也。月果

蒲吒翻能摧碎。謂以智能摧罪也。○疏曰此節分二。唵下約法摩尼翻離垢寂默等者。喻所證理也。長水云。現相無相名寂。示說無說名默。初三句。眞諦理出障稱大。次三句。俗諦理大義同。麻諦翻智

慧能證智也。前三句，眞諦智離垢名大，後二句，俗諦智三世不壞，曰堅牢。十方普遍，曰無礙。答塔下約人。謂如如理智，非盧舍那不能證。斷人法，豈可獨哉。

卜鐵翻覺道心。迦鐵翻成就。希希翻虛空。撈耶翻盡。謂諸法盡不可得也。撈耶上同。月撈耶翻最勝盡。月撈耶上同。思麻囉翻眞正如意。思麻囉上同。思葩囉翻眞正稱心。思葩囉上同。思葩囉耶翻眞正稱心至極。思葩囉耶同上。○疏曰：謂菩提道心能成證我法俱三空智，及眞俗中三諦，如意稱心理故。華嚴經云：菩提心智燈入於衆生空寂之內，種種暗障悉能除盡。菩提心如意寶珠，除滅一切貧窮之苦。那命怖畏等。

薩哩斡勃塔翻一切覺者。啞牒瑟吒緊。啞牒瑟吒諦見前翻。○疏曰：謂十方三世一切諸佛，各以大智慧光，任於如如理智中也。

逝鐵翻成就。成逝鐵成就卜鐵翻覺道。卜鐵覺道。斡資哩翻金剛定。斡資哩同上。馬曷斡資哩翻大金剛王定。莎斡資哩翻勝妙金剛定。斡資囉葛而吡翻金剛事業成辦。拶耶葛而吡翻盡。謂盡虛空遍法界作法辦事結界也。月拶耶。葛而吡月尊勝義。謂大乘家作法辦事。上同諸佛下合眾生也。斡資囉左辣葛而吡佐辣翻行者。謂金剛般若觀行照見五蘊空也。○疏曰。觀此章大意可知

因地中金剛三昧。一寶覺。二妙力。三成就。四盡空五最勝。六顯密成辦。七皆以菩提心成體。若於因地以生滅心為本修因而求佛乘不生不滅無有是處也。

斡資嚕金剛劍神忒葩微翻住遮。謂處遮庇也。住斡資囉金剛輪王。三葩微翻生所護。謂至一切護有止惡防非功能。斡資囉金剛羂索主也。斡資哩尼金剛手執杵將也。斡資嚂金剛界也。發斡都世尊佛也。麻麻翻我所作者日照本云行

者於此。自稱名字。攝哩嚂。翻事業成就。薩哩斡。薩埵喃。翻一切開士上首。
拶葛耶。翻盡我作者。巴哩述提。翻能成。○疏曰此章明神聖遮護無盡故所以一切
作法事業成就願諸佛與諸菩薩皆悉鑒照證明也
發斡都。翻威德聖尊。薩埵彌。即大菩薩。薩哩斡達。翻一切法。此句依不動本
添入。薩哩斡葛諦。翻一切去度。巴哩述提。翻種種成就。釋哲。翻敬禮謂
諸佛菩薩。以一切法度脫於我。當禮謝也。薩哩斡答塔葛達。翻一切如來。釋哲
羚。翻敬禮我作。薩麻刷。翻正受成就。薩顏都。翻生所護。○疏曰謂一切如來。惠我
正定遍處護念。我當作禮謝也。阿地瑟恥帝。翻智光住。○疏曰此句依日照不空等本添入
謂菩提因。是一切如來智所住也。
卜鐵。翻正覺心。卜鐵。道心。悉鐵。翻成就。悉鐵。成就。勃塔耶。翻正覺果。勃

塔耶。即菩提佛果。月勃塔耶。翻尊勝正覺果。月勃塔耶。同上。謨撈耶。翻解脫。謨撈耶。同上。謂三業七支。各各防非。別別得解脫故也。月謨撈耶。月最上也。是大乘無上心地解脫戒也。月謨撈耶。翻種種解脫。杓訛塔耶。翻得果義利成就。杓訛塔耶。同上。月杓訛塔耶。月。一切最勝也。月杓訛塔耶。同上。謂世出世間最勝得果中。一切義利皆悉具足成就也。

薩鑁答。翻普遍十方一切。謨撈耶。翻別別解脫。謨撈耶。同上。謂遍一切處皆得別別解脫也。薩鑁答。同前。囉思彌。翻長照明。末囉達摩馱都。翻無為法界性。此句依日照本添入。巴哩述提。翻能成。○疏曰。謂盡十方遍法界一切佛地中。解脫戒智慧光。無為理種種勝妙功德。莫不具備圓成者也。

薩哩斡答塔葛達。翻一切如來。赫哩達耶。即寶藏佛。啞牒瑟吒拏啞牒琴吒諦此二句見前翻。○疏曰謂一切如來。並以智光住於菩提因果中也。

木得哩翻解脫。木得哩解脫。馬曷木得哩謂大乘三解脫。馬曷木得囉謂佛乘中一切眞解脫也。曼特囉翻壇即現證三昧得道之壇也。叭諦翻究竟到謂到盡量之地也。莎訶翻圓滿成就。○疏曰此咒開章冠首嚕者令人捨穢趣淨也。咒中釋爲二章初說皈依。於中先依諸佛寶闍夾皈三寶神咒也。從答的牙塔下。二正說神咒。中亦開二義。先說佛法圓就義。云何佛圓。一謂佛闍吉祥最勝如來住者。二謂神咒佛頂尊勝如來成者。云何法就。一謂解說果。二謂佛事業。三謂教法理。皆如來住者。從唵摩尼摩尼下。次說菩提心成義。云何心成。一理智。謂如如理智。唯心能成。唯佛能住。二因果。謂菩提因也。金剛行業。神佛遮護。三寶證成。謂菩提果也。此界他方佛果戒光。皆依如來智慧心。住若大菩提道心成就。便能究竟到大解脫壇矣。菩提心也。佛法境也。若心若境。莫不尊勝。咒諸眾生人此心境。名尊勝咒。開二章義。亦如楞嚴咒分五會彼則前詳三寶神王後略祕密心咒此則前略三寶後詳神咒古德頌曰波利尊者禮五臺御彼文殊化現言東土若無尊勝咒衆生難以脫塵埃所以尊勝經中言幢旛上書此尊勝咒即名尊勝幢佛塔中書此尊勝咒即名尊勝塔令一切衆生覩形遇影皆蒙利益何況誦持至一心不亂久久無間者必定增福延壽消災滅罪決無疑

矣恐後人不知故略摘註以便初學

鏡

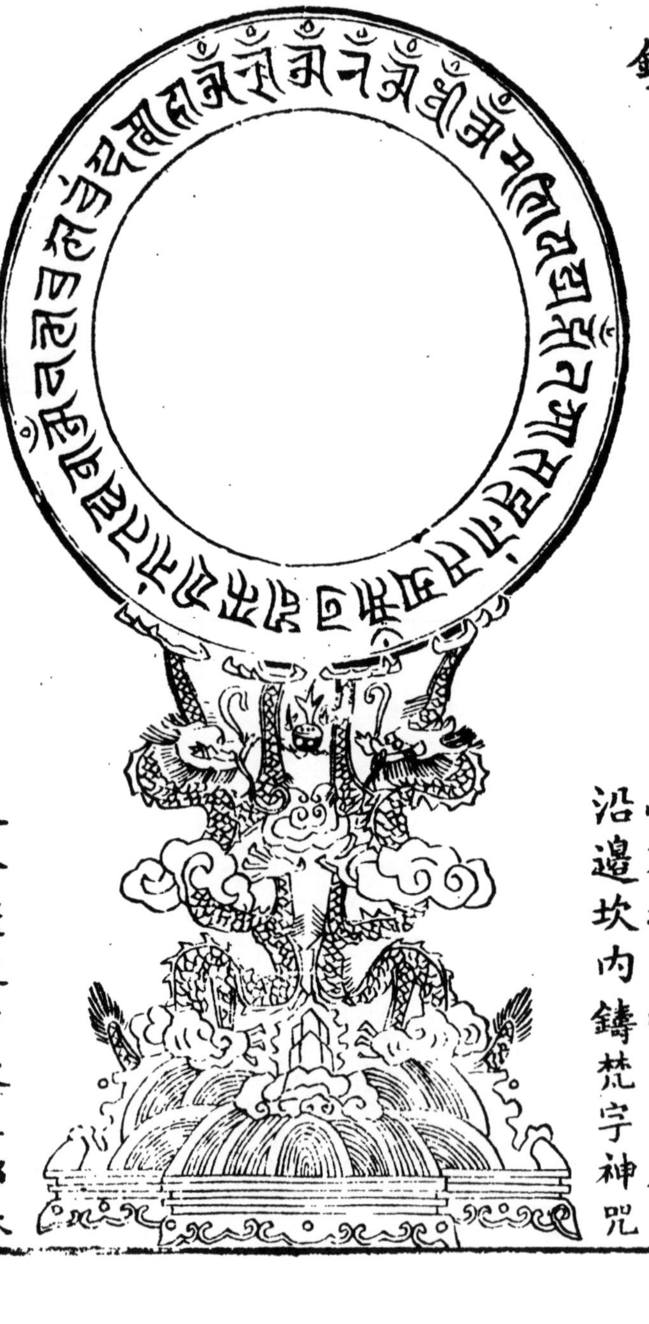

鏡用潔淨青銅鑄成大
小不拘中心圓光磨亮
沿邊坎内鑄梵字神咒
從唵嚂起右旋至部林
凡三十七字

壇

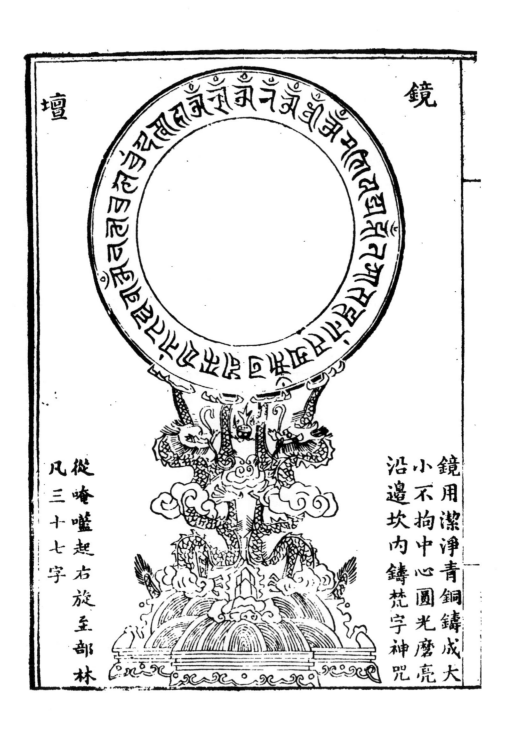

鏡背

鏡背中心鑄菩薩背相沿邊坎內鑄漢字神咒

自唵嚂起左旋至部林凡四十一字內有二合多字

右手結契指度　　左手結契指度

福　　智

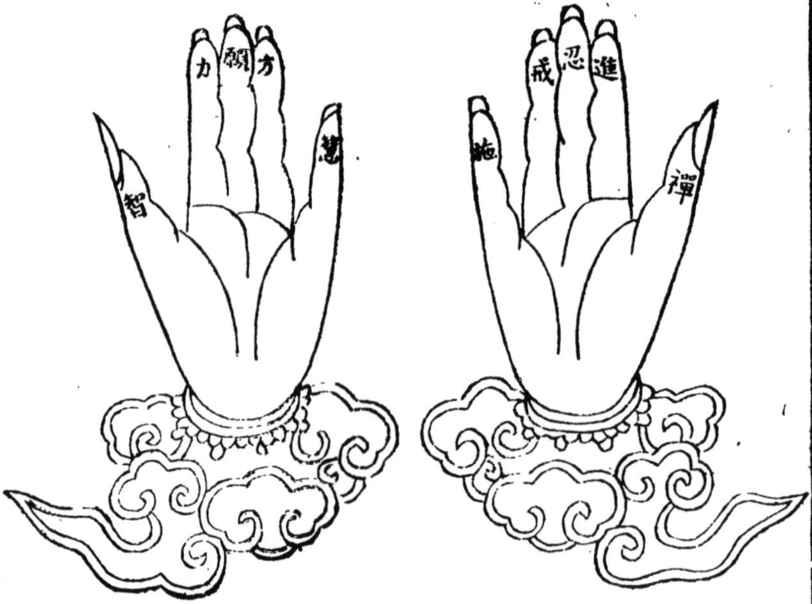

七俱胝佛母所說準提陀羅尼經節要

特進試鴻臚卿大興善寺三藏沙門大廣智不空奉　詔譯

如是我聞。一時薄伽梵在名稱大城。逝多林給孤獨園。與大苾芻眾。并諸菩薩。及諸天龍八部。前後圍繞愍念未來薄福惡業眾生。即入準提三摩地。說過去七俱胝佛所說陀羅尼曰。

曩謨颯多(引)南(引)三藐三沒馱(引)俱(引)胝南(引)怛你也(二合)他(引)唵者禮主禮準泥娑嚩(二合引)賀(引)

若有修眞言之行。出家在家菩薩。誦持此陀羅尼。滿九十萬徧。無量劫造十惡四重五逆五無間罪。悉皆消滅所生之處常遇諸佛菩薩豐饒財寶常得出家若是在家菩薩修持戒行堅固不退誦此陀羅尼常生天趣或於人間常作國王不墮惡趣親近賢聖諸天愛敬擁護加持若營世務無諸災橫儀容端正言音威肅心無憂惱若出家菩薩具諸禁戒三時念誦依教修持現生所求出世間悉地定慧現前證地波羅密圓滿疾證無上正等菩提若誦滿一萬遍卽於夢中見佛菩薩卽吐黑物其人若罪尤重誦二萬遍卽夢見諸天堂寺舍或登高山或見上樹或於大池中澡浴或見騰空或見於諸天女娛樂或見說法或

見拔髮剃髮。或食酪飯。飲白甘露。或渡大海江河。或升師子座。或見菩提樹。或乘船。或見沙門。或見居士以白衣黃衣覆頭。或見日月。或見童男童女。或上有乳果樹。或見黑丈夫口中吐火燄。共彼鬬得勝。或見惡馬水牛。欲來觝觸持誦者。或打或叱。怖走而去。或食乳粥酪飯。或見蘇摩那華。或見國王。若不見如是境界者。當知此人前世造五無間罪。應更誦滿七十萬徧。即見如上境界。應知罪滅。即成先行。然後依法畫本像。或三時或四時或六時。依法供養。求世間出世間悉地。乃至無上菩提。皆悉獲得。

準提神咒念誦儀軌

上根修習。手中結印。舌端念咒。心想梵字。身口意三業相應也。中下修習。五體端正。脣舌虔唪。一心不亂。身口意三業專也。三根雖異。功久實一。總稱瑜伽觀行。準提三昧。

金剛正坐 以右腳壓左腳脛𨅬上。名金剛坐。此坐能退一切邪魔惡鬼。或隨意坐亦可。

大三昧印 以兩手仰掌展舒。以右手安左手上。二大拇指甲相着。安臍輪下。此印能滅一切狂亂妄想。雜念思惟。

淨法界觀 以法界𑖨𑖽嚂(囕嚩)字作觀。一心持誦。自然得入淨法界三昧。清淨無礙。

金剛拳印 以左手大拇指。掐無名指根第一節。餘四指握大拇指作拳。此印能除內外障染。成就一切功德。

準提手印 以兩手無名指并小指交叉於內。二中指直竪相拄。二頭指屈附二中指上第一節。二大拇指捻右手無名指中節。若有召遣。以二頭指來去。

心月梵字觀 觀念之時。字字五色光明。圖附後。

圓相梵書眞言作觀觀念之時字字五色分明

華言咒語直音

偈云。唵中遮那佛。折南是大輪。隸西南不動。主西觀世音。隸西北胥索。準北準提尊。提東北金剛。婆東伊迦神。訶東南嚩日。心月九聖輪。即作三摩地。名瑜伽觀行。

準提三持　一鏡持。即鏡壇也。每日或早或晚。對鏡持誦。持完。即囊盛鏡。以佩帶在身。或十齋日對。餘不對亦可。二定持。即心壇也。於靜處一心不亂持誦。三散持。即印壇也。隨手結印咒百八遍。依指記數。或不結印。但依口持咒。亦名咒印壇。誦時偶有錯亂。必須另持。

密教五種誦　一瑜伽持誦。但想月輪中布字。唵字安中。以折隸主隸準提娑訶從前右旋。次第周布輪緣。終而復始。二出入息持誦。想有梵字眞言。息出字出。息入字入。字句朗然。如貫明珠。不得間斷。三金剛持誦。脣齒不動。舌不至齶。但於口中微微默誦。四微聲持誦。但令自耳聞之。不緩不急。字字分明。五高聲持誦。令他聞之。生善滅惡。

準提齋期　初一　初八　十四　十五　十八　二十三　二十四　二十八　二十九　三十　月小以二十七補

正坐結大三昧印卽念

南無七俱胝佛母大準提菩薩摩訶薩三稱

次即誦淨法界眞言曰一氣誦

唵　嚂　淸淨無染。離諸塵垢。

澄心想自身頂上。有一梵書嚂字此字。遍有光明猶如明珠。或如滿月。若想若誦。能令三業淸淨一切罪障。悉皆消除。又能成辦一切勝事。隨所住處悉得淸淨。誦此二十一遍。

次以左手結金剛拳印。誦文殊護身眞言曰。一氣誦

唵　嚙嚙二合　直音疾陵。彈舌呼之。

又云彈口呼之。音枳唎。云安心妙守身。謂仗眞言加護。令我安住成辦。誦二十一遍。

此咒能滅五逆十惡。一切罪業。能除病苦。災障惡夢。邪魅。鬼神。諸不祥事。能成辦勝事。所願圓滿。

次即誦六字大明咒曰 亦名觀音靈感眞言。六字大明王咒。

唵 嚒尼鉢訥銘二合吽

唵引生義。嚒尼翻智寂。謂以智冥理。寂滅無生也。又翻離垢。是如意寶珠。光淨無染。能增長功德。無不如願。鉢訥銘二合○翻光明圓覺。謂以慧斷障。成大圓覺。又翻滿願圓具。是蓮花開觀音心咒靈應。如妙蓮花。圓滿具足。吽出生義。擁護義。除災義。降伏義等。

經云。若誦此咒。隨所住處。有無量諸佛菩薩。天龍八部集會。又具無量三昧法門。誦持之人。七代種族。皆得解脫。又云。是人日日得具六波羅密。圓滿功德。得無量辯才。淸淨智聚。又云。此咒是觀世音菩薩微妙本心。若人書寫此六字大明。則同書寫八萬四千法藏。所獲功德。等無有異。如大乘莊

嚴寶王

經說。

又經說六字大明竟有七十七俱胝佛一時現前

同聲說準提咒卽知六字大明與準提咒次第相

須故誦唵麽尼鉢訥銘吽一百八

遍竟卽結準提手印當於心上

次卽誦龍樹菩薩開咒偈一遍

稽首皈依蘇悉帝（翻善圓成謂善能圓滿一切願心善能成就一切事理○皈依法寶）

頭面頂禮七俱胝（翻七百億謂準提佛母與七百億佛圍繞○皈依佛寶）

我今稱讚大準提（梵語尊那或稱尊彌○皈依僧寶）

惟願慈悲垂加護（加者外身顯被護者內心冥持誦偈已）

乃誦準提咒

南無颯哆喃三藐三菩䭾俱胝喃怛姪他（歸敬詞）

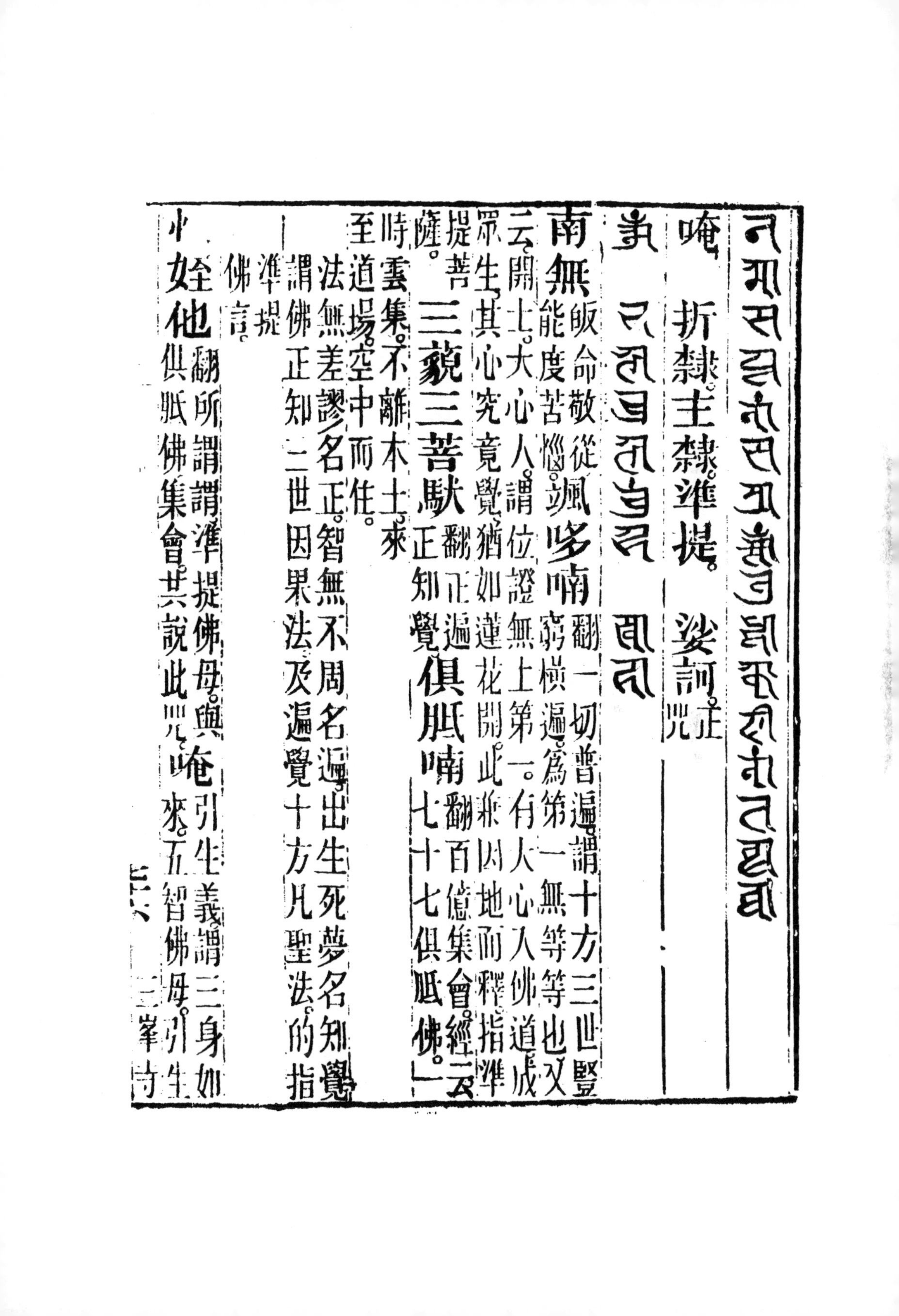

[illegible]

唵。折隸。主隸。準提。娑訶。注咒

[illegible]

南無皈命敬從能度苦惱颯哆喃翻一切普遍謂十方三世豎窮橫遍爲第一無等等也又云開士。大心人。謂位證無上第一。有大心入佛道成衆生其心究竟覺猶如蓮花開此乘因地而釋指準提菩薩。三藐三菩馱翻正遍正知覺俱胝喃翻百億集會經云七十七俱胝佛一時雲集。不離本土。來至道場。空中而住。法無差謬名正。智無不周名遍。出生死夢名知覺謂佛正知三世因果法。及遍覺十方凡聖法。的指準提佛言。

小姪他全翻所謂謂準提佛母。與唵引生義謂三身如俱胝佛集會。共說此咒。唵來。五智佛母。引生

一切功折隸折。折伏。即般若降伏其心義降伏八凡
德法門。折隸顛倒妄想。隸云行謂依法用。勇猛至誠
奉行主。主持。即般若住心法。入四聖眞常覺性
眾善。主隸隸云安穩。謂止住寂靜。性善堅固諸惡不
作。翻施爲。謂以宏誓任理以大智斷惑具諸因
準提行施爲。又翻成就。謂。勇於妙有。脫於眞空。成
就寂滅。又準提即是遮那。故上之折去是別。此之準
提是總。正謂諸佛菩薩。準折羣魔惡道拔一切苦自
能令善行動。提持諸佛性善。與一切樂。自能令娑訶
惡止住。該徹一切聖賢。顯密。用體。行果。智理。
翻速成善。說。或翻散去。謂一
切禍惡皆散。無盡福善都集。

佛言。此咒能滅十惡五逆。一切罪障。成就一切白法
功德。持此咒者。不問在家出家。飲酒食肉。有妻子。不
揀淨穢。但志心持誦。能使短命眾生增壽無量。迦摩
羅疾。尚得除差。何況餘病。若不消滅。無有是處。若誦

滿四十九日。準提菩薩。令二聖者。常隨其人。所有善惡心之所念。皆於耳邊一一具報。若有無福無相。求官不遂。貧苦所逼者。常誦此咒。能令現世。得無量福。所求官位。必得稱遂。若求智慧。得大智慧。求男女者。便得男女。凡有所求。無不稱遂。似如意珠。一切隨心。又誦此咒。能令國王大臣。及諸四眾。生愛敬心。見即歡喜。誦此咒人。水不能溺。火不能燒。毒藥怨家。軍陣強賊。及惡龍獸。諸鬼魅等。皆不能害。若欲請梵王帝釋。四天王。閻羅天子等。但誦此咒。隨請必至。不敢前次。所有驅使。隨心皆得。此咒於南贍部洲。有大勢力。

移須彌山。竭大海水。咒乾枯木。能生花果。何況更能依法持誦不轉肉身。得大神足。往兜率天。若求長生及諸仙藥。但依法誦咒。卽得見觀世音菩薩。或金剛手菩薩。授與神仙妙藥。隨取食之。卽成仙道。得延壽命。齊於日月。證菩薩位。若依法誦滿一百萬遍。便得往詣十方淨土。歷事諸佛。普聞妙法。得證菩提。

大輪一字咒 接連正咒同誦一百八遍

唵 部林二合

𑖌𑖼 𑖥𑖿𑖨𑖳𑖽

唵部林 佛寶閣。令結末誦持者。能令功德速成。心願速滿。罪愆速除。災障速滅。咒畢。於頂上散手印後。卻用右手作金剛拳印。卩誦吽字眞言。

吽 此散手印咒法。能除一切魔障。成就一切勝事。印五處。先額。次左肩。次右肩。次心。次喉。印竟頂上散之。

[illegible]

回向偈 最後念

我今持誦大準提。即發菩提廣大願。

願我定慧速圓明。願我功德皆成就。

願我勝福徧莊嚴。願共衆生成佛道。

我昔所造諸惡業。皆由無始貪瞋癡。

從身語意之所生。一切我今皆懺悔。

奉佛準提弟子某。云云。如欲成就世法。及諸善事。隨意稱之。

結云。令我現世之內。五福重增。他報之中。二嚴克備。

倉卒不能持誦者。只觀想唵嚂字。呼大聖準提王菩薩三稱。誦正咒。并唵部林。不拘成數。其效亦不可思議。

藥師瑠璃光如來灌頂真言

南無(翻皈命敬從)薄伽伐帝(翻世尊)鞞殺社(翻藥)窶嚕(翻師)薜瑠璃(翻青色寶)鉢喇婆(翻光)喝囉闍也(翻王)呾陀揭多耶(翻如來)阿囉喝帝(翻應供)三藐三勃陀耶(翻正遍知)怛姪他(翻即說咒曰)唵(引生義)鞞殺逝(翻零星多味)鞞殺逝(翻萬應愈病)鞞殺社(翻軌範良方或翻十全同生靈驗)三沒(翻正定正心行處也)揭帝(翻去度去諸疾病度一切苦厄故)莎訶(翻圓就謂身體大全絕無痛惱也)

喇一作囉咀陀一作怛他 喝一作訶勃陀一作菩提

往生淨土神咒

南無(翻皈命)阿彌多婆夜(翻無量壽)哆他伽多夜(翻如來)哆地夜他(翻即說咒曰)阿彌利都(翻無量)婆毗(翻光明)阿彌利哆(翻無

曇悉躭婆毗。翻頓吉光明。謂彌陀佛放吉祥光成諸義利者也。阿彌唎哆。無量。毗迦蘭帝。翻無礙行。阿彌唎哆。無量。毗迦蘭多。翻無垢行。謂彌陀佛具諸無礙無垢行也。伽彌膩。翻清泰極樂。伽伽那。翻虛空。枳多迦利。翻堅往諦往。謂得堅强力度脫而去。或往生淨土。諦實不虛也。娑婆訶。翻速疾圓成。○疏曰此咒劉宋文帝元嘉末年。天竺三藏法師。求那跋陀羅譯中云。若有善男子善女人。能誦此咒者。阿彌陀佛常住其頂。日夜擁護。無令怨家而得其便。現世常得安穩。臨命終時。任運往生。○記曰。可見此咒。非惟但專求往生。亦能消災滅罪。增福延壽。是故名拔一切業障根本得生淨土陀羅尼也。

拔一切輕重業障得生淨土陀羅尼

亦名無量壽如來根本眞言即往生淨土廣呪

奈麻翻皈依也謂誠敬皈投稱名信從心至向也。辣怛納翻寶特嚩耶翻三也翻禮

○疏曰。謂皈命禮十方無盡三寶也。奈麻阿哩也。翻皈命聖者阿彌打跋也

翻無量壽恒達哿恒也。翻如來。阿嚩喝帝。翻應供。三迷三不達

也。翻正遍知。恒的也撻翻即說呪曰。唵翻覺悟義。阿彌哩帝翻無量壽。阿

彌哩打嗢巴偉。翻無量任遮。謂佛威力遮護持呪人任處也。阿彌哩打三

巴偉。翻無量勝妙護。阿彌哩打葛哩比。翻無量事業成辦。阿彌哩打

薜帝。翻無量成就。阿彌哩打帝際。翻無量。阿彌哩打韋羯蘭

帝。翻無量無礙行。阿彌哩打韋羯蘭帝。同上。哿彌你。翻安養。阿彌

哩。打哿哿奈。翻無量虛空藏。謂佛法身如虛空普遍也。鞨哩帝葛哩。翻阿彌哩打頓度比。蘇哇哩。薩哩哇。阿勒撻。薩怛你。薩哩哇。哿哩麻。吉哩舍。吉哩也。葛哩。莎喝。

記曰。此咒出無量壽如來供養儀軌。及寶王三昧念佛直指。幷淨土十要等書。直指云。若宿業所使願行有虧。當心一誦此咒。卽滅身中一切輕重罪業。持至十萬。卽得不廢忘菩提心。持至二十萬遍卽感菩提芽生。持至三十萬遍。阿彌陀佛常住其頂。決生淨土。此咒世本音聲句讀多訛。此乃沙羅巳法師所譯。最詳要。故宜誦之。爲正行。直指亦名無量壽如來根本眞言。誦得大精進。速生淨土也

正出定咒

兩手相叉仰臍上二大拇指向上捻名入定印咒曰。唵三摩地翻正定。鉢娜弭翻蓮花。紇唎琛翻心。謂入此正定觀蓮花王如來自在心也。○次誦觀心咒曰。唵引質多翻心。鉢囉底翻觀徵鄧翻諦實。迦嚕弭翻大悲心。○淨月咒曰。唵引冒地質多翻正覺心。母怛波翻發。娜夜弭翻我阿琛想琛字為月輪。○蓮花咒曰。唵引底瑟吒翻安住。鉢娜麼翻蓮花。紇哩琛想琛字為字種。○觀自在多羅尼。唵引多唎翻慈悲。咄多唎翻無礙慈悲。吽。○花葉諸佛與身一體咒曰。唵引鉢娜麼翻蓮花。怛麼翻我。句哈翻身。三麼諭哈。翻正定身。麼訶三麼諭哈。翻大正定身。薩嚩怛他孽多。翻一切如來。毗三冒提翻現證覺果。鉢娜麼怛麼句哈翻同上。○漸舒咒曰。唵引薩

發曪翻舒開。鉢娜麽翻蓮花。○堅妙咒曰。唵引涅哩荼翻堅固。底瑟
吒安住。鉢娜麽蓮花。○唵引僧訶曪翻收斂。鉢娜麽蓮花。
右八咒出多羅念誦法。總為三摩地也。問。觀中誦
咒。云何成定。答。四種念中。三摩地念。正觀想中。咒
現於觀。正念咒中。觀現於咒。若咒若觀。不離一心
日常習熟。定時如然也。日常習熟者。蓮花部文云
次應端身正念。入正定觀。舌拄上腭。止諸攀緣。觀
內外法。皆無所有。若妄念多者。應先數息。從一至
七。相續不絕。心無攀緣。即不
須數。深入清淨無所有處。

咒疏音釋

鑁音夅吡梵夅切迦孃同𡘙誐音伽舊來卓皆音耶非齒切釤山去聲跢多去聲

嚂藍懢喊三音耽音丹儜音能蝞音冐菟音兎擶音嶡鉡音欣雍音勇堙音因

昵音匿鉗音乾讀當作儉辮音變囉懢藍來三音縒叉兹切音差馱音貝檈倚可

切阿上聲豽女滑切怛達但二音㖿同耶咩音米那音奴嘇音孫月音比上之比以

下尊勝咒贊音纂而時平聲呆戴平聲謁音阿遮音知羚孿嚩二音吡音瓢呾

同怛哿音果嚂音尾

唵字轉聲爲盎阿字正呼爲啞吽字短呼爲斛哆字

彈舌作帶遮字半音爲皆怛囕即衛浪捺麻即納謨

吭同放發音葩讀朴𠹀唎讀頡陵嘈嚨讀勃籠葛葛納

即誐誐曩縛日哩。即斡資囉嚩日囉。即跋闍囉怛婭

他讀答知拖[達哈阿]小達字在上爲引字[哈阿]小阿字在下爲長音[達哈阿]三字相合作切音念

喇呢口字在傍作彈舌念。不得仍作原字讀。細心體會餘可類推。

跋

大佛頂首楞嚴咒。無見頂相無爲心佛宣說心咒也
學人發願持誦。三密相應。盡銷魔業。久冀背塵合覺
深明出世間智。楞嚴大定。卓基於是。考五不翻義。密
言密誦。自發慧光。稍涉言詮。適資法謗。惟此咒文長
語奧。句讀承訛。從尤不免。故釋咒正以便誦。不因釋
以臆執密諦也。向聞武林慈雲寺柏亭法師精研密
部。成楞嚴經灌頂疏二十六卷。翻梵註華。尤詳譯咒。
當密宗淩替之時。得此甚深祕妙。以續慧燈。洵屬法
門希有。惜刊行百數十年。絕少流傳。遍叩諸方。僉未

寓目。仁和舒君沛霖手錄咒章摘註。云得之山陰祁
勝庵源洪長老名儀潤者。序述從灌頂疏輯錄所成
合十讚歎。喜此疏從可踪跡。遂屬舒君鄭重假得。并
源公自著緇門命脈記。記分十二大宗。並名綱要。密
部其一也。擷要芟繁。包涵全藏。余既校錄疏本楞嚴
咒。源公所藏是樣本。間有刊誤。隨卽校正。其疑似者悉仍原刻。不敢臆改。近地未聞第二部。無從覆校也。不知何以失傳至此。全疏博大精深。為從上楞嚴經註集一大成。世間瑰寶。積久必顯。何況法門津逮應有善信起而翻刻者。日夕望之。復從綱要內。錄譯釋大悲尊勝準
提藥師往生出定等陀羅尼九章。亦多半出於柏師
瑜伽太疏淨行緇白課誦徵驗。不可思議。因彙為一

冊。乞月容軒居士捐梓流通。時節因緣。良非偶爾。得是本者。通達句讀。暢曉名義。幸免膠牙棘舌之苦。益深皈依頂禮之誠。心憶口持。一一證入金剛藏心。如貧子獲摩尼寶王。所願成就。福不唐捐。庶默契柏師撰集之功。源公法施之美。與居士梓行之盛心也。可刻既竟。敬識緣起於後。淨業弟子沈維樹。

國家圖書館出版品預行編目資料

楞嚴咒疏 / 沙門續法集註. -- 初版. -- 新北市：華夏出版有限公司, 2024.07

面；　　公分. --（圓明書房；048）

ISBN 978-626-7393-05-5（平裝）

1.CST：密教部

221.94　　　112017877

圓明書房 048

楞嚴咒疏

集　註　沙門續法

出　版　華夏出版有限公司

220 新北市板橋區縣民大道 3 段 93 巷 30 弄 25 號 1 樓

電話：02-32343788　傳真：02-22234544

E-mail：pftwsdom@ms7.hinet.net

印　刷　百通科技股份有限公司

電話：02-86926066 傳真：02-86926016

總經銷　貿騰發賣股份有限公司

新北市 235 中和區立德街 136 號 6 樓

電話：02-82275988　傳真：02-82275989

網址：www.namode.com

版　次　2024 年 7 月初版—刷

特　價　新臺幣 320 元（缺頁或破損的書，請寄回更換）

ISBN-13：978-626-7393-05-5